처음부터 끝까지
혼자서 보험

처음부터 끝까지
혼자서 보험

매달 매년, 새로운 담보들
보험은 어떻게 가입하여야 할까?

"

저자 **이재원**

현 A+에셋 WFT위너스지사 사업단장
현 23·24·25 우수인증설계사
현 베트남 무역법인 SKOVINA 대표이사
현 VIMEX 베트남 현지법인 마케팅이사
현 네이버 블로그 「보담」 운영자

2013년부터 베트남에서 무역 사업을 시작하며 글로벌 시장에서의 실무 경험을 쌓아왔습니다.

현재는 A+에셋 WFT위너스지사에서 사업단장으로 활동 중이며, 수년간의 현장 경험을 통해 고객 중심의 설계 철학을 실천하고 있습니다. 보험 분야에서의 전문성과 성실한 고객 관리를 인정받아 2023년, 2024년, 2025년 연속으로 우수인증설계사에 선정되었습니다.

보험은 단순한 상품이 아니라, 고객의 삶을 보호하고 미래를 설계하는 하나의 전략이라 믿습니다. 이를 바탕으로, 네이버 블로그 「보담」을 통해 다양한 보험 정보를 알기 쉽게 전달하며 많은 이들과 소통해오고 있습니다.

이 책은 제가 수많은 고객들과 만나며 느꼈던 보험에 대한 오해와 어려움을 해소하기 위한 실질적인 안내서입니다. 가입부터 보장 설계, 보험금 청구까지의 모든 과정을 보다 쉽게 이해하고, 스스로의 금융 안정을 위한 결정을 내릴 수 있도록 돕고자 합니다.

독자 여러분이 이 책을 통해 보험의 가치를 제대로 이해하고, 보다 현명한 선택을 할 수 있게 되기를 진심으로 바랍니다.

저자소개

혼자서 보험,
지혜로운 금융의 첫걸음

이 책은 혼자서 보험을 가입하고, 보장 내용을 분석하며, 보험금을 청구하는 방법을 안내하기 위해 썼다. 보험은 일상에서 반드시 필요한 금융상품이지만, 정작 많은 사람이 자신이 가입한 보험상품을 제대로 이해하지 못해 필요할 때 활용하지 못하는 경우가 많다.

특히, 예상치 못한 사고나 질병으로 인해 보험이 필요할 때 보장 범위를 몰라 손해를 보거나, 복잡한 청구 절차에 막혀 포기하는 사례가 적지 않다. 이러한 안타까운 상황을 줄이고자, 누구나 스스로 보험을 이해하고 활용할 수 있도록 돕는 지침서로 이 책을 기획했다.

혼자서 보험을 이해하고 분석하며 청구까지 할 수 있다면, 불필요한 중복 가입을 예방할 수 있고, 필요한 보장을 확보해 보험료 부담을 줄일 수 있다. 단순히 보험에 대한 막연한 불안에서 벗어나, 명확한 지식을 바탕으로 보험을 든든한 안전망으로 삼을 수 있다.

이 책은 단순한 보험 가이드북을 넘어, 전국민이 보험 지식을 높이고 금융 이해력을 키우는 발판이 되기를 바란다. 보험은 전문가만의 영역이 아니라, 누구나 이해하고 활용할 수 있는 도구여야 한다. 보험의 소비자에서 나아가 주체가 되어, 스스로의 권리를 지키고 재정적 미래를 설계할 수 있도록 돕고 싶다.

 또한, 이 책은 보험을 단순히 위험에 대비하는 수단으로 보지 않고, 더 나은 삶을 위한 재정 전략으로 활용할 수 있음을 보여준다. 혼자서 보험을 이해하고 활용하는 능력은 위기 상황에서 든든한 보호막이 될 뿐 아니라, 미래를 대비하는 지혜로운 선택이다.

 마지막으로, 이 책이 혼자서 보험을 이해하려는 이들에게 용기와 실질적인 도움을 주길 바란다. 혼자서 보험을 이해하는 작은 한 걸음이, 더 큰 안정과 자신감을 가져다주는 큰 발걸음이 되기를 기대한다. 보험은 복잡하지만, 올바른 지식을 갖춘다면 누구나 자신만의 재정 안전망을 구축할 수 있다. 이 책이 그 여정의 든든한 안내서가 되길 소망한다.

| 목차 |

저자소개 · 004
프롤로그 · 006

1부. 혼자서 보험 가입하기

Chapter 1. 보험, 왜 가입해야 할까? · 014
인생 전반을 지켜주는 위험관리 개념
갑작스러운 질병 사고에 대비하는 중요성
경제적 관점으로 살펴본 보험의 중요성

Chapter 2. 보험 용어, 이것만은 알아두자 · 018
'주계약'과 '특약' 쉽게 이해하기
보험약관을 읽는 법과 주요 체크포인트

Chapter 3. 내게 딱 맞는 보험 찾기 · 024
초고령사회와 미래질병 대비 전략

Chapter 4. 효율적인 보험 가입 요령 · 030
건강체보험과 유병자보험: 차이점과 가입 포인트
갱신형 vs 비갱신형: 보험료·보장기간 비교
가입 시 유의사항: 보험사의 심사 기준, 가입 절차 등

Chapter 5. 가입 전 반드시 확인해야 할 것들 · 038
감액 및 면책 기간: 보험 계약의 핵심 요소
감액 기간의 의미와 기능
면책 기간의 역할과 중요성

보험상품별 감액 및 면책기간
보험 가입 시 확인해야 할 사항
약관상 부지급 사유: 청구 거절 사유 미리 알기
주요 보험금 부지급 사유
고지의무 위반
약관상 보상 범위 밖의 사고나 질병
의학적 근거 부족
치료 필요성 불인정한 경우
본인부담 상한액 환급금 불인정
부지급 사유 대응 방법
가입 전 '나에게 꼭 맞는지' 보험 최종 점검하기
현재 건강 상태 및 필요 파악하기
보험 약관 및 보장 범위 확인하기
비용 구조 분석하기
보험사 및 네트워크 확인하기
고지의무 및 부지급 사유 이해하기
기타 혜택 및 서비스 확인하기
보험 최종 점검 방법

2부. 혼자서 보장분석하고 리모델링하기

Chapter 1. 보장분석이란 무엇인가? · 068
보장분석의 개념과 필요성
스스로 할 수 있는 '기본 보장 점검' 방법
전문가 보장분석과의 차이점

Chapter 2. 내 보험 직접 점검하기 · 076
보장 내역 확인: 중복·누락 보장 찾기
보험증권·약관 간단 정독법

가족 전체 보험 분석하는 팁

Chapter 3. 잘못된 보험 내용 바로잡기 · 085

오해하기 쉬운 CI보험과 2대질환진단비

'공백 보장' 체크: 3단계 점검 프로세스

리모델링의 중요성: 그대로 두면 생길 수 있는 문제들

Chapter 4. 제대로 된 보험 설계(보험트렌드) · 93

수술비보험: 보장 범위 이해하기

경험생명표 활용한 연금보험 설계

초고령사회와 간병보험의 필요성

간병보험의 핵심 특약들

간병인지원특약

간호간병통합서비스특약

재가급여지원특약

Chapter 5. 보험 리모델링 실제 사례 · 105

중복 보장을 없애고 효율 높이기

추가 보장 확대와 적정 보험료 설정

리모델링 후 체크리스트: 최종 점검 방법

보험사별 상품종류와 특징

보험 가입 시 고려해야 할 요소

보험료와 보장 범위의 균형

보험 가입 시기와 조건

개인 상황에 맞는 보험 선택하기

3부. 혼자서 보험금 청구하기

Chapter 1. 보험금 청구, 어떻게 시작할까? · 128

청구 서류 준비 및 제출 요령

Chapter 2. 주요 보험금 청구 가이드 · 133

질병보험·상해보험금 청구

운전자보험 보험금 청구

간병보험보험금 청구

후유장해 보험금청구

Chapter 3. 재산 및 책임 관련 보험 청구 · 146

배상책임보험 보험금청구

화재 발생 시 필요한 보험금 청구 서류

피해 유형별 추가 서류

기타 참고 사항

가전제품수리보험 보험금 청구

Chapter 4. 청구 후 꼭 알아야 할 것들 · 156

심사 과정과 소요 시간

지급 거절 사유와 이의제기 방법

분쟁 예방을 위한 팁: 증빙자료 철저·약관 재확인

Chapter 5. 보험금 청구 가이드 · 165

보험금 청구 시 유의사항

보험금 청구 관련 자주 묻는 질문

보험금 청구 시 가장 많이 하는 실수

4부. 흥미로운 보상이야기

보상이야기 · 178

비만치료 보상이야기

신용불량자 보험금 압류 여부

성형외과 실비보험 청구의 모든 것

한의원·한방병원 치료 실비보험 보상 정리

1부

혼자서 보험 가입 하기

Chapter 1.
보험, 왜 가입해야 할까?

인생 전반을 지켜주는 위험관리 개념

 인생의 위험을 관리하는 개념에 대해 구체적으로 살펴보자. 위험관리는 우리의 삶에서 예상치 못한 사건이나 상황이 발생하더라도, 개인 또는 가족의 생활 수준이 크게 저하되지 않고 이전과 같이 유지될 수 있도록 하는 체계적인 접근 방식이다.

 우리의 삶에는 다양한 종류의 위험이 존재한다. 갑작스러운 사망이나 질병, 상해는 물론이고 실업이나 재산 손실 등 예측하기 어려운 여러 위험이 언제든 발생할 수 있다. 이러한 위험들은 한 번 발생하면 개인이나 가족의 삶에 심각한 영향을 미칠 수 있으며, 때로는 회복이 불가능한 상황을 초래할 수도 있다.

 위험관리 방법은 크게 네 가지로 구분할 수 있다.

[위험관리의 4가지 방법]

위험 회피 　　위험 보유 　　손해 통제 　　위험 전가

첫째, 위험 회피는 위험이 있는 행동이나 상황 자체를 피하는 것이다. 둘째, 위험 보유는 발생 가능한 위험을 인정하고 스스로 감당하기로 결정하는 것이다. 셋째, 손해 통제는 위험으로 인한 손실을 최소화하기 위한 예방적 조치를 취하는 것이다. 넷째, 위험 전가는 위험을 제3자에게 이전하는 것으로, 보험이 대표적인 예이다.

보험은 위험관리의 재무적 조치 중 하나로, 개인이 감당하기 어려운 큰 위험을 보험회사에 전가하는 방법이다. 보험을 통해 우리는 예측할 수 없는 미래의 위험에 대비할 수 있으며, 실제로 위험이 발생했을 때 경제적인 손실을 최소화할 수 있다.

결론적으로 위험관리는 우리의 인생 전반에 걸쳐 필요한 중요한 개념이다. 다양한 위험에 대해 인지하고, 각각의 위험에 맞는 적절한 관리 방법을 선택하여 체계적으로 대비하는 것이 바람직하다. 특히 보험을 통한 위험 전가는 예측할 수 없는 미래의 위험으로부터 우리의 삶을 지키는 효과적인 수단이 될 수 있다.

갑작스러운 질병 사고에 대비하는 중요성

사고나 질병은 언제, 어디서든 발생할 수 있다. 평범한 일상 속에서도 예기치 못한 사고나 질병이 우리를 찾아올 수 있다. 이러한 상황이 발생했을 때 우리가 가장 먼저 하는 것이 보험 가입 여부를 확인하는 것이다. 병원에 가서 제일 먼저 실손의료보험 가입 여부를 확인하고, 화상을 입었다면 화상진단비 보험에 가입했는지, 골절이 발생했다면 골절진단비와 골절수술비 보험은 있는지를 확인한다.

또한 치과 치료가 필요할 때는 치아보험 가입 여부를, 운전 중 형사적

사고가 발생했을 때는 운전자보험 가입 여부를, 주요 질환 진단을 받았을 때는 해당 질환의 진단비와 치료비 보험에 가입되어 있는지를 확인한다. 이처럼 우리는 질병이나 상해 사고가 발생하면 가장 먼저 보험 가입 여부를 확인할 만큼, 보험은 우리 삶에서 중요한 경제적 대비수단이 되었다.

치료비, 수술비, 입원비 등 의료비용은 예상보다 훨씬 큰 금액이 될 수 있으며, 이는 가계 살림에 심각한 타격을 줄 수 있기 때문에 보험을 통해 준비하는 것이 중요하다.

경제적 관점으로 살펴본 보험의 중요성

가정의 경제적 안정은 매우 중요한 요소다. 돈이 인생의 전부는 아니지만, 경제적 자유를 통해 원하는 삶을 설계하고 실현할 수 있다. 하지만 살아가면서 다양한 경제적 위험 요소를 마주하게 된다. 특히 가장의 사망이나 중대 질병은 가정 경제에 심각한 타격을 줄 수 있다. 이러한 상황에서 보험은 남은 가족들의 생활을 보호하는 든든한 경제적 방패막이가 된다.

예를 들어, 가족 중 한 명이 중대 질병을 앓거나 사고를 당할 경우, 고액의 치료비뿐만 아니라 소득 상실, 간병비 등 추가적인 비용이 발생한다. 이를 대비하지 않으면 가정 경제에 큰 부담이 될 수 있다. 보험은 이러한 경제적 리스크를 미리 준비할 수 있는 효과적인 수단이다.

또한, 보험은 노후 대비 측면에서도 중요한 역할을 한다. 연금보험을 활용하면 안정적인 노후 자금을 마련할 수 있으며, 일부 종신보험의 경우 연금전환 기능을 통해 노후 생활비로 활용할 수도 있다. 특히 초고령사회로 접어들면서 노후 대비의 중요성이 더욱 커지고 있으며, 보험은 이를 위한 효과적인 대안이 될 수 있다.

결국, 보험은 가정의 경제적 안정을 위한 필수적인 도구다. 예상치 못한 다양한 위험으로부터 가정을 보호하고, 장기적인 경제적 안정을 도모하는 데 중요한 역할을 한다. 필요한 보험을 적절히 활용하여 미래의 불확실성에 대비하는 것이 중요하다.

Chapter 2.
보험 용어, 이것만은 알아두자

먼저 보험 계약의 주체를 살펴보면, 크게 네 가지로 구분된다. 보험계약자는 보험회사와 계약을 체결하고 보험료를 납부할 의무가 있는 사람을 말한다. 피보험자는 보험사고의 대상이 되는 사람 또는 물건을 의미하는데, 생명보험에서는 사람이, 손해보험에서는 자동차나 주택 등이 피보험자가 될 수 있다. 보험수익자는 보험금을 지급받을 사람으로, 보험계약 체결 시 지정할 수 있으며 미지정 시에는 사망보험금의 경우 법정상속인이, 그 외의 경우에는 피보험자가 보험수익자가 된다. 마지막으로 보험자는 보험회사를 지칭한다.

[보험 계약의 주체 4가지]

보험금 관련 용어도 중요하다. 보험료는 보험계약자가 보험회사에 납부하는 금액이며, 보험금은 보험사고 발생 시 보험회사가 보험수익자에게 지급하는 금액이다. 보험사고는 보험회사가 보험금 지급을 약정한 사건을 말하는데, 생명보험의 경우 사망, 생존, 장해, 입원, 수술, 진단 등이, 손해보험의 경우 화재, 차량 손해, 일상생활 중 타인 피해 등이 보험사고에 해당한다. 해약환급금은 보험계약 해지 시 보험회사가 계약자에게 돌려주는 금액을 뜻한다.

[보험금 관련 용어]

구분	정의	예시
보험료	보험계약자가 내는 돈	월 5만 원
보험금	보험사가 지급하는 돈	암진단비 1,000만 원
보험사고	보험금 지급이 발생하는 사건	암 진단
해약환급금	계약 해지 시 돌려받는 돈	해지 시 300만 원

보험 기간과 관련된 용어들도 알아야 한다. 보험기간은 보험계약에 따라 보장을 받는 기간을 의미하며, 보험료 납입기간은 보험계약자가 보험료를 납부하는 기간을 말한다. 이때 보험기간과 납입기간은 다를 수 있는데, 예를 들어 납입기간은 10년이지만 보험기간은 종신인 경우가 있다. 면책기간은 보험 가입 초기에 보험금을 지급하지 않는 기간을 말하며, 감액기간은 보험가입 초기에 보험금이 삭감되어 지급되는 기간을 말한다. 이는 보험가입자의 역선택을 방지하고 보험사의 위험을 관리하기 위한 것으로, 보험상품마다 면책기간 과 감액기간이 다르다.

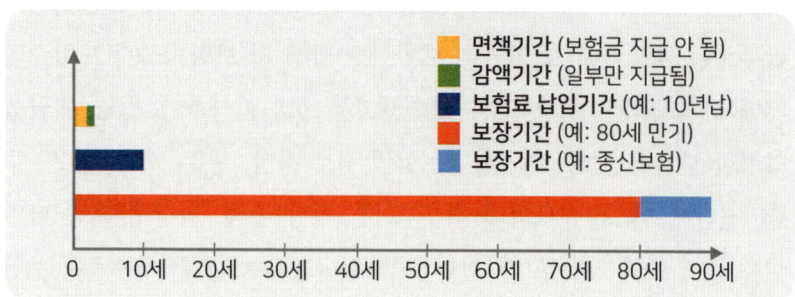

'주계약'과 '특약' 쉽게 이해하기

보험 상품은 주계약과 특약으로 구성된다. 주계약은 보험 상품의 핵심이 되는 기본 계약으로, 보험의 주된 보장 내용을 포함하며 반드시 가입해야 하는 필수 요소다. 예를 들어, 종신보험의 사망보장이나 자동차보험의 대인배상책임이 대표적인 주계약에 해당한다.

반면, 특약은 주계약에 추가로 가입할 수 있는 선택적 보장 옵션이다. 보험계약자의 필요에 따라 선택적으로 가입할 수 있으며, 주계약의 보장을 보완하거나 확장하는 역할을 한다. 예를 들어, 수술비 특약, 입원일당 특약, 자동차보험의 자기차량손해 특약 등이 있다.

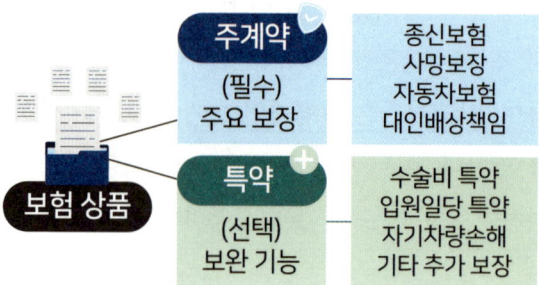

같은 암보험을 가입하더라도 주계약과 특약을 어떻게 설정했느냐에 따라 보장 내용이 완전히 달라질 수 있다. 예를 들어, 다음과 같은 두 가지 보험 상품이 있다고 가정해보자.

A 보험상품: 주계약이 암진단금, 특약에 암수술비·암입원일당 포함

B 보험상품: 주계약이 암입원일당, 특약에 암진단금 포함

만약 암진단금 보장을 원한다면, A 보험상품은 주계약으로 가입하면 되지만, B 보험상품은 암입원일당(주계약)을 가입한 후 암진단금을 특약으로 추가해야 한다. 따라서 B 보험상품의 경우 보험료가 더 비싸질 수 있다.

이처럼 주계약과 특약의 구조를 잘 이해해야 보험 가입 시 불필요한 비용을 줄일 수 있다.

[암보험 주계약 및 특약 구성 비교]

보험 가입 시 주계약과 특약은 보장 내용뿐만 아니라 보장 기간도 다르게 설정될 수 있다. 일부 특약은 주계약보다 짧은 기간 동안만 보장이 제공될 수도 있기 때문에 보험 상품을 가입할 때 주계약과 특약의 보장 기간을 꼼꼼히 확인해야 한다.

보험가입자는 주계약과 특약의 조합을 활용해 자신의 상황과 필요에 맞는 최적의 보장을 설계할 수 있다. 다만, 특약을 선택할 때는 보장 내용, 보험료, 보장 기간 등을 꼼꼼히 따져보고 실제로 필요한 보장을

중심으로 구성하는 것이 바람직하다.

특히, 주계약과 특약의 관계를 정확히 이해하면 불필요한 보험료 지출을 막고, 보다 효율적인 보험 설계를 할 수 있다. 보험 가입 전 상품별 주계약과 특약 구조를 면밀히 분석하는 것이 중요하다.

보험약관을 읽는 법과 주요 체크포인트

보험약관을 읽을 때는 먼저 목차를 확인하는 것이 중요하다. 목차를 통해 약관의 전체적인 구조를 파악하고 중요한 섹션이 어디에 있는지 확인할 수 있다. 특히 보장 내용, 보험금 지급 사유, 면책 사항 등이 있는 부분을 미리 체크해두면 약관을 더 효율적으로 읽을 수 있다.

약관의 앞부분에 있는 주요 용어 정의를 숙지하는 것도 중요하다. 보험 약관에는 일상생활에서 잘 사용하지 않는 전문 용어들이 많이 등장하는데, 이러한 용어들의 정확한 의미를 이해하지 못하면 약관 전체의 내용을 제대로 파악하기 어렵다. 따라서 용어 정의 부분을 꼼꼼히 읽고 이해하는 것이 필요하다.

보장 내용은 가장 집중해서 분석해야 할 부분이다. 어떤 경우에 보험금이 지급되는지, 보험금은 얼마나 지급되는지 등을 자세히 살펴봐야 한다. 특히 보험금 지급 사유와 지급 금액을 정확히 이해하는 것이 중요하다. 또한 면책 사항, 즉 보험금이 지급되지 않는 경우도 반드시 확인해야 한다. 면책 사항을 제대로 확인하지 않으면 나중에 예상치 못한 불이익을 당할 수 있다.

약관을 읽으면서 중요한 부분은 형광펜으로 표시하거나 메모를 해두는 것이 좋다. 이렇게 하면 나중에 다시 찾아볼 때 쉽게 확인할 수 있다. 또한 이해가 되지 않는 부분이 있다면 그대로 넘어가지 말고 보험설계사나 보험사에 문의하여 명확히 해두는 것이 좋다.

보험금 청구 절차도 미리 숙지해두면 좋다. 어떤 서류가 필요한지, 청구는 어떻게 하는지 등을 미리 파악해두면 실제로 보험금을 청구할 일이 생겼을 때 당황하지 않고 신속하게 처리할 수 있다.

[보험약관 예시]

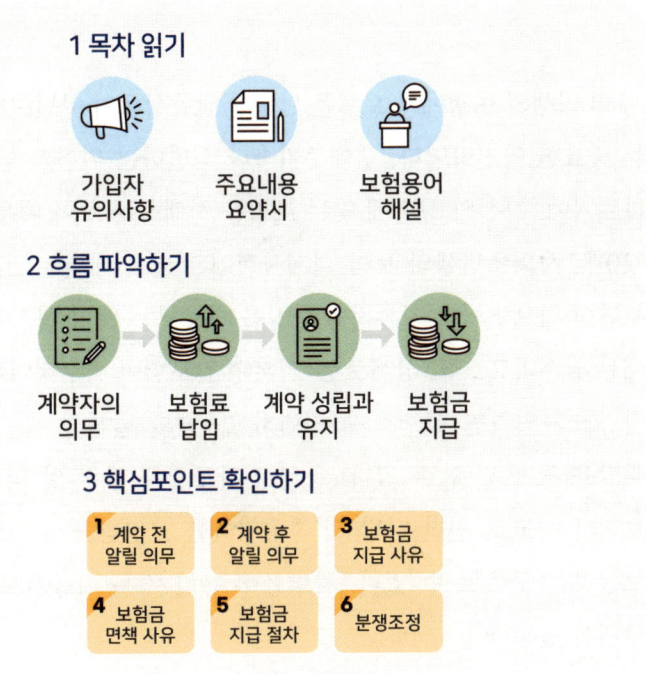

Chapter 3.
내게 딱 맞는 보험 찾기:
생애주기별 맞춤 보험 가이드

 우리 인생의 여정에서 보험은 단순한 금융상품이 아닌, 미래를 준비하는 중요한 안전망이다. 생애주기마다 직면하는 위험과 필요한 보장이 다르기에, 자신의 상황에 맞는 보험을 선택하는 것이 매우 중요하다.
 20대, 사회초년생의 보험 설계사회에 첫발을 내딛는 20대는 보험료 부담이 적으면서도 기본적인 보장을 확보하는 것이 핵심이다. 이 시기에는 실손의료보험, 상해보험, 기본형 암보험이 필수적이다. 젊고 건강할 때 가입하면 보험료가 저렴하고, 향후 발생할 수 있는 의료비 부담을 크게 낮출 수 있다. 특히 건강보험은 입원 및 의료비를, 상해보험은 사고로 인한 사망 및 후유장해를 보장받을 수 있어 기본적인 보장망을 구축할 수 있다. 차량을 소유한 경우 자동차보험과 운전자보험은 필수다.

30대, 가족 보호와 자산 형성의 시작결혼과 출산으로 가족구성이 시작되는 30대는 가장으로서의 책임이 커지는 시기다. 실손의료보험, 진단비가 강화된 암보험, 종신보험 또는 정기보험, 자녀를 위한 어린이보험이 필수적이다. 이 시기에는 가장의 유고 시 가족의 생활자금을 대비하고, 자녀의 의료비를 보장하는 것이 중요하다. 또한 저축성 보험을 통해 자산 형성을 시작하는 것도 고려해볼 만하다. 특히 맞벌이 부부의 경우, 각자의 소득 수준을 고려한 생명보험 설계가 필요하다.

결혼·육아 시기의 포괄적 보장가족 중심의 보험 재정비가 필요한 시기다. 배우자 암보험, 자녀보험, 실손보험의 갱신 여부를 꼼꼼히 확인해야 한다. 가족 전체의 건강과 미래자금을 대비하며, 자녀의 질병이나 사고에도 대비할 수 있어야 한다. 자녀나 애완동물을 기르는 경우 일상생활배상책임보험은 가입하는 것이 좋다. 그리고 어린자녀는 어린이 치아보험과 태아보험 및 어린이보험을 어릴 때 다빈도로 발생하는 질병 및 사고 보장특약을 잘가입하는 것이 중요하다.

은퇴 시기의 노후 대비은퇴 이후는 소득은 감소하지만 의료비 부담이 크게 증가하는 시기다. 노후 실손보험, 치매보험, 간병보험, 건강 상태에 따른 유병자보험이 필요하다. 초고령사회에 접어들며 치매와 같은 장기요양 질환의 발생 확률이 높아지고 있어, 이에 대한 대비가 필수적이다. 연금보험을 통한 노후 소득 보장도 중요하며, 실버보험과 같은 고령자 특화 보장도 고려해야 한다.

경제 상황에 따른 맞춤형 설계경제적 여건에 따라 보험 설계는 달라질 수 있다. 여유가 있다면 투자와 보장을 함께하는 종신보험, 변액연금보험 등 자산형성형 보험을 추가할 수 있다. 반면 여유가 부족하다면 실손, 암, 상해와 같은 필수 보장만 남기고 불필요한 특약은 제거하는 것이 현명하다. 일반적으로 연간 소득의 10배 정도를 생명보험 보장 금액으로 설정하고, 자녀당 1억 원을 추가하는 것이 권장된다.

초고령사회와 미래질병 대비 전략

대한민국은 2024년 12월에 초고령사회 시대에 접어 들었다. 65세 이상 인구가 전체 인구비중 20%를 초과하는 사회를 초고령사회라고 한다. 노인 인구가 급증하면서 사회 전반적인 구조가 변경되고 있다. 그 중 가장 직접적으로 영향을 미치는 부분이 의료, 건강 부분이며 해당 보험상품도 많은 변화가 예상된다. 노인인구가 증가하면 치매 및 중증 질환, 만성질환의 증가로 인한 의료비 부담과 소득 공백이 주요 재정 리스크다. 이에 대비해 치매보험과 간병보험은 필수이며, 기존 병력이 있는 경우 유병자보험을 고려할 수 있다. 뇌혈관질환, 심혈관질환 등 노년기에 발생할 수 있는 질병을 폭넓게 보장하는 건강관리 특약도 추가하는 것이 좋다.

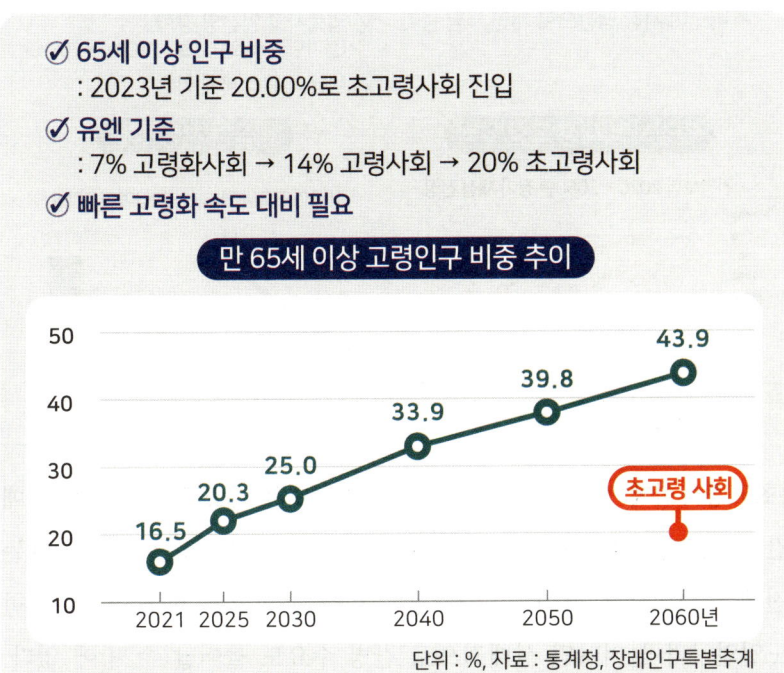

노인인구가 증가하면 노인장기요양서비스가 혜택도 변경될 것으로 전망한다. 해당 서비스는 노인성질환 환자에게 정부가 지원하는 사회적 제도이나 노인인구가 증가하면 국가 재정적 측면에서 해당 혜택을 지속하기는 쉽지 않다. 그래서 비급여진료는 물론 정부에서 지원해주는 급여제도에도 보수적 관점에서 사적보험을 잘 가입하는 것이 좋은 전략이 될 수 있다.

[건강보험과 비급여 문제]

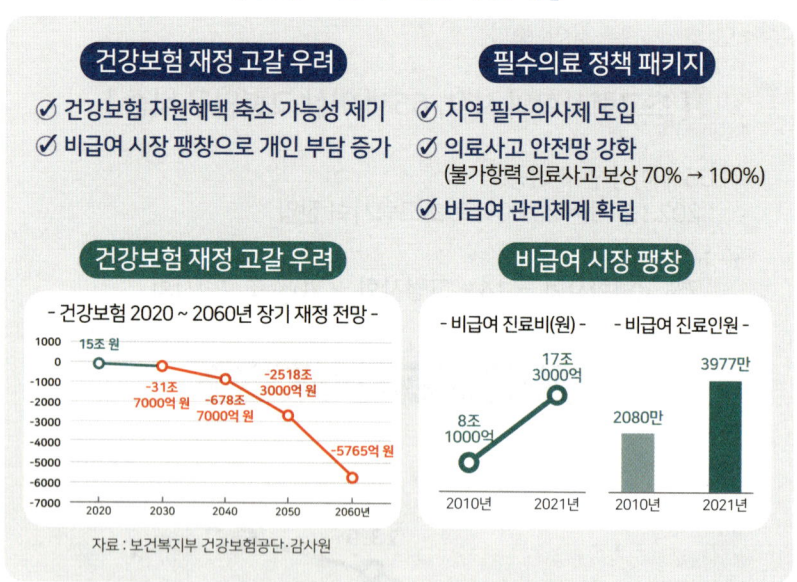

    초고령사회에 진입하면서 관심을 가져야 하는 대표적인 보험은 치매간병보험과 유병자보험이다. 치매간병보험은 치매환자는 2060년에는 전체 노인인구중 약 17.7%가 될 것이라는 전망을 하고 있다. 또한 노인인구가 늘어나면 상대적으로 간병 수요도 늘어날 수 밖에 없다. 그래서 향후 치매 및 간병보험 보험료가 상승할 가능성을 크다는 전망이다. 그래서 미리 준비할 수 있는 시기에 해당 보험상품을 잘 가입하는 것을 추천한다.

    또한 최근 간편심사 유병자보험이 많이 출시되고 있다. 예전에는 질병 및 수술 이력이 있는 경우 가입이 거절되거나 일부 보장이 제한되고 보험이 가입되는 형태였지만 최근에는 일정 보험료 가 인상되기는 하지만 보험가입이 가능하다. 향후에는 유병자들이 유병자보험을 많이 가입하는 경우 보험료인상 가능성도 있으며, 보장이 제한 될 수 있으니 과거 질병이나 치료이력으로 보험가입이 안되었던 분들이 유병자보험에 관심을 가지면 좋을 것이다.

또한 갱신형과 비갱신형 보험의 선택도 중요한 고려사항이다. 갱신형은 초기 보험료는 저렴하지만 나이가 들수록 보험료가 급등할 수 있다. 반면 비갱신형은 초기 보험료는 높지만 가입 후 보험료가 고정되어 노후 대비에 더 적합할 수 있다.

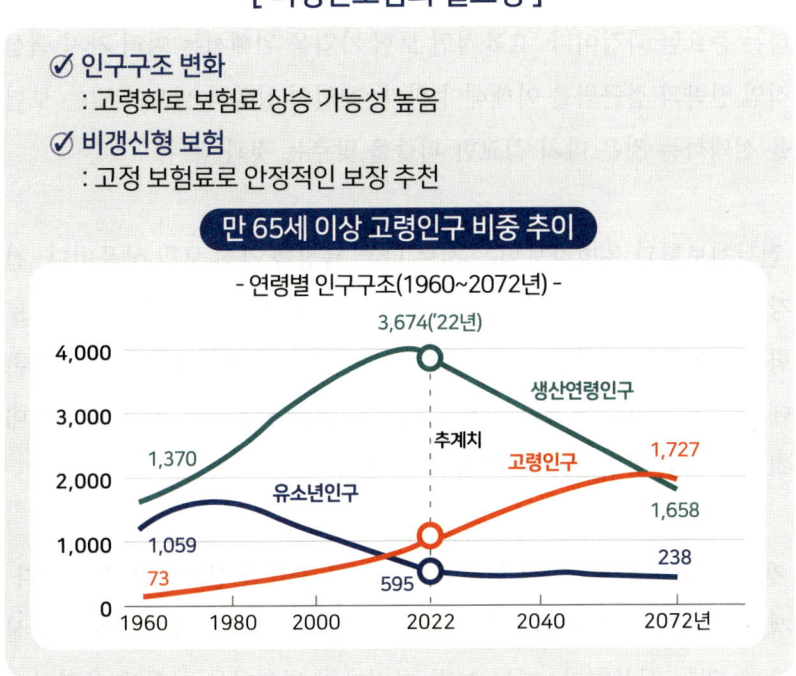

Chapter 4.
효율적인 보험 가입 요령

 보험 가입은 단순히 상품을 선택하는 것이 아니라 자신의 미래를 설계하는 중요한 과정이다. 효율적인 보험 가입을 위해서는 여러 가지 핵심적인 전략과 접근법을 이해해야 한다. 개인의 상황과 필요에 맞는 보험을 선택하는 것은 마치 정교한 퍼즐을 맞추는 것과 같다.

 건강체보험과 유병자보험은 서로 다른 특성을 가진 보험 상품이다. 건강체보험은 건강한 사람들을 대상으로 하는 상품으로, 일반적으로 보험료가 저렴하고 가입 조건이 까다롭지 않다. 반면 유병자보험은 기존에 질병이나 건강 문제가 있는 사람들을 위한 상품으로, 보험료가 상대적으로 높고 가입 조건이 복잡할 수 있다.

 갱신형과 비갱신형 보험을 비교하는 것도 중요한 선택의 기준이 된다. 갱신형 보험은 일정 주기마다 보험료와 보장 조건을 재검토하고 갱신할 수 있는 상품이다. 이는 보험 가입자의 변화하는 상황에 유연하게 대응할 수 있게 해준다. 비갱신형 보험은 처음 가입할 때 정해진 조건이 변경 없이 유지되는 상품으로, 장기적인 안정성을 원하는 사람들에게 적합할 수 있다.

보험사의 심사 기준을 정확히 이해하는 것도 효율적인 보험 가입의 핵심이다. 보험사는 가입자의 건강 상태, 직업, 생활 습관 등 다양한 요인을 고려하여 보험료와 가입 조건을 결정한다. 예를 들어, 흡연자나 고위험 직업군은 일반적으로 더 높은 보험료를 지불해야 한다.

[보험 가입 심사 체크리스트]

항목	질문	체크
건강 상태	최근 5년 내 입원이나 수술을 받은 적이 있는가?	☐
	현재 고혈압, 당뇨 등 만성질환을 앓고 있는가?	☐
	정기적으로 복용 중인 약물이 있는가?	☐
직업	건설업, 소방관, 경찰, 항공 승무원 등 위험 직군인가?	☐
	업무 중 야간 근무나 장시간 운전이 포함되는가?	☐
생활 습관	현재 담배를 피우거나 최근 1년 이내에 끊었는가?	☐
	한 달에 10회 이상 음주를 하는가?	☐
	건강검진에서 체중, 혈압, 혈당 등 경고를 받은 적이 있는가?	☐
가족력	부모나 형제 중 암, 심장병, 뇌졸중 등의 병력이 있는가?	☐
	가족 중 유전적 질환(당뇨, 고혈압 등)이 있는가?	☐

온라인 보험 비교 서비스를 적극적으로 활용하는 것도 좋은 방법이다. 다양한 보험사의 상품을 쉽게 비교하고, 자신에게 가장 적합한 상품을 선택할 수 있다. 이때 단순히 보험료만 비교할 것이 아니라 보장 범위, 특약 조건, 보험사의 신뢰도 등을 종합적으로 고려해야 한다.

자신의 생애주기와 경제적 상황을 정확히 파악하는 것도 중요하다. 20대와 30대는 주로 질병과 사고에 대비한 보험을, 결혼과 육아 시기에는 가족을 보호할 수 있는 보험을, 은퇴를 앞둔 시기에는 노후 대비 보험을 고려해야 한다. 각 생애주기별로 필요한 보험의 종류와 보장 범위가 다르기 때문이다. 보험 가입 시 약관을 꼼꼼히 읽고 이해하는 것은 필수적이다. 많은 사람들이 약관을 대충 훑어보거나 무시하지만, 이는 심각한 실수가 될 수 있다. 약관에는 보장 범위, 면책 조항, 청구 조건 등 중요한 정보가 포함되어 있기 때문이다. 모르는 용어가 있다면 전문가와 상담하거나 추가로 확인해야 한다.

 마지막으로, 보험은 한 번 가입하고 끝나는 것이 아니라 주기적으로 점검하고 조정해야 한다. 개인의 상황은 계속 변화하기 때문에, 최소 1-2년에 한 번씩 현재 가입한 보험이 자신에게 여전히 적합한지 검토해야 한다. 필요하다면 보험 상품을 변경하거나 추가 가입을 고려해야 한다.

건강체보험과 유병자보험: 차이점과 가입 포인트

 보험 가입에 있어 개인의 건강 상태는 매우 중요한 요소이다. 건강체보험과 유병자보험은 서로 다른 특성과 접근 방식을 가지고 있어 각각의 장단점을 정확히 이해해야 한다. 이는 단순히 보험 상품을 선택하는 문제를 넘어 자신의 미래 재정적 안정성과 직결되는 중요한 결정이다. 건강체보험은 건강한 상태의 사람들을 대상으로 하는 보험 상품이다. 이 보험은 일반적으로 낮은 보험료와 폭넓은 보장 범위를 제공한다. 보험사의 입장에서 건강한 가입자는 위험 요소가 적기 때문에 더 유리한 조건을 제시할 수 있다.

따라서 건강한 개인은 이러한 보험을 통해 상대적으로 저렴한 보험료로 높은 수준의 보장을 받을 수 있다. 반면 유병자보험은 특정 질병이나 건강상의 문제를 가진 사람들을 위한 보험 상품이다. 이러한 보험은 일반적으로 보험료가 더 높고 보장 범위가 제한적일 수 있다. 하지만 기존의 건강 문제에도 불구하고 최소한의 보장을 받을 수 있는 기회를 제공한다는 점에서 중요한 의미를 가진다. 특히 기존 질병으로 인해 다른 보험 상품에 가입하기 어려운 사람들에게 필수적인 선택지가 될 수 있다.

[건강체보험 vs 유병자보험]

구분	건강체보험	유병자보험
가입 대상	건강한 사람	기존 질병·건강 문제 있는 사람
보험료 수준	낮음	상대적으로 높음
보장 범위	폭넓음	일부 제한 가능
심사 절차	까다롭지 않음	병력 및 치료 이력 필수
가입 심사	건강검진 필요 없음	심사 기준이 다양함
대표적 활용	종합 건강 보장	기존 질병이 있어도 최소한의 보장 가능

가입 시 고려해야 할 핵심 포인트는 여러 가지가 있다. 먼저 자신의 현재 건강 상태를 정확히 파악해야 한다. 건강체보험의 경우 철저한 건강검진과 의료기록 확인이 필수적이며, 유병자보험의 경우에는 기존 질병의 상세 내용과 치료 이력을 꼼꼼히 확인해야 한다.

보험사의 심사 기준도 매우 중요하다. 각 보험사마다 건강 상태에 대한 평가 기준이 다르므로 여러 보험사의 상품을 비교해보는 것이 중요하다. 특히 유병자보험의 경우 보장 범위와 보험료의 차이가 크게 나타날 수 있으므로 더욱 신중한 접근이 필요하다.

또한 가입 후의 관리도 중요한 요소이다. 건강체보험의 경우 건강한 생활습관을 유지하여 지속적으로 건강체 상태를 유지해야 하며, 유병자보험의 경우 정기적인 건강검진과 의사와의 상담을 통해 질병 관리에 만전을 기해야 한다. 결론적으로 건강체보험과 유병자보험은 각자의 고유한 특성과 장단점을 가지고 있다. 개인의 건강 상태, 재정 상황, 미래의 위험 대비 등을 종합적으로 고려하여 가장 적합한 보험 상품을 선택해야 한다. 단순히 보험료의 높고 낮음만을 기준으로 판단하기보다는 장기적인 관점에서 접근해야 할 것이다.

갱신형 vs 비갱신형: 보험료·보장기간 비교

보험을 선택할 때 가장 혼란스러운 부분 중 하나가 바로 갱신형과 비갱신형 상품의 차이점이다. 이 두 가지 보험 상품은 겉보기에 비슷해 보이지만, 실제로는 매우 다른 특징을 가지고 있어 신중한 접근이 필요하다. 갱신형 보험은 일정 기간마다 보험료와 보장 조건을 다시 계약하는 상품이다. 이 상품의 가장 큰 특징은 초기 보험료가 상대적으로 저렴하다는 점이다. 처음에는 저렴한 보험료로 시작하지만, 나이가 들수록 보험료가 점진적으로 상승하게 된다. 이는 나이가 들면서 발생할 수 있는 건강 위험에 대비한 방식이다.

반면 비갱신형 보험은 계약 기간 동안 보험료가 고정되는 상품이다. 초기 보험료는 갱신형에 비해 다소 높지만, 장기적으로 볼 때 보험료 변동 폭이 적다. 이는 보험 가입자에게 보험료 예측 가능성을 제공하며, 재정 계획을 세우는 데 용이하다. 갱신형 보험의 장점은 초기 보험료의 낮은 부담과 유연한 계약 조건이다.

[보험료 변동 비교]

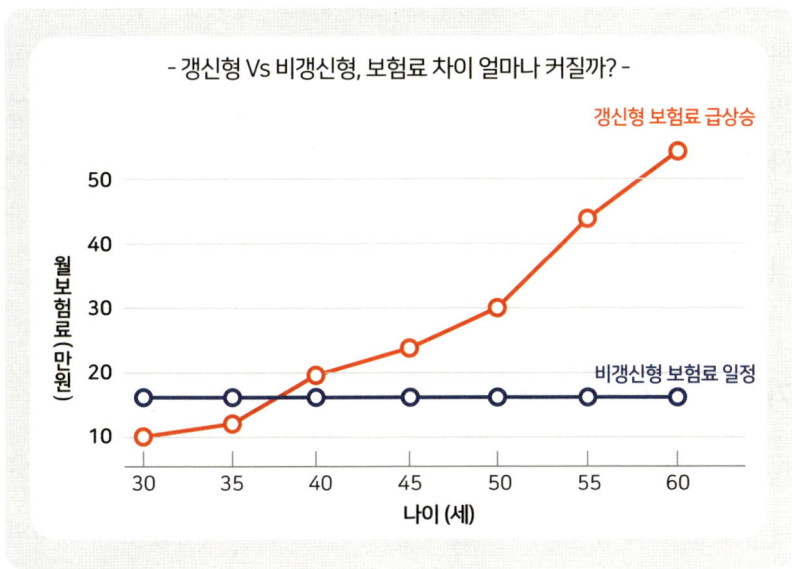

특히 젊은 층이나 초기 재정 부담이 큰 사람들에게 매력적일 수 있다. 하지만 단점으로는 나이가 들 수록 보험료가 급격히 상승할 수 있다는 점이 있다. 보험료 상승폭이 예상보다 클 경우, 장기적으로 재정적 부담이 커질 수 있다. 비갱신형 보험은 반대로 초기에는 보험료 부담이 크지만, 장기적 안정성을 제공한다. 보험료가 고정되어 있어 예측 가능성이 높고, 나이가 들어도 보험료 변동이 적다. 그러나 초기 보험료가 높아 당장의 재정적 부담이 클 수 있다는 단점이 있다.

실제 선택 시에는 개인의 재정 상황, 나이, 건강 상태, 미래 계획 등을 종합적으로 고려해야 한다. 20대 초반의 건강한 사람은 갱신형 보험이 유리할 수 있고, 안정적인 재정과 장기 계획을 가진 사람은 비갱신형 보험이 더 적합할 수 있다.

보험 상품을 선택할 때는 단순히 현재의 보험료만 보지 말고, 미래의 보험료 변동과 자신의 재정 상황을 종합적으로 분석해야 한다. 전문가와 상담하거나 다양한 보험 상품을 비교 분석하는 것도 현명한 선택이 될 것이다. 결론적으로, 갱신형과 비갱신형 보험 중 어떤 상품이 더 좋다고 단정 지을 수는 없다. 중요한 것은 자신의 상황에 가장 적합한 상품을 선택하는 것이다. 개인의 재정 상황, 미래 계획, 건강 상태를 종합적으로 고려하여 신중하게 선택해야 한다.

가입 시 유의사항: 보험사의 심사 기준, 가입 절차 등

보험 가입은 단순히 상품을 선택하고 계약서에 서명하는 것만으로 끝나지 않는다. 보험사는 매우 엄격하고 세심한 심사 과정을 통해 고객의 가입 여부를 결정한다. 이 심사 과정은 보험사의 리스크 관리와 직접적으로 연결되며, 고객의 건강 상태, 직업, 생활 방식 등 다양한 요소를 종합적으로 평가한다. 보험사의 심사 기준은 크게 건강 상태, 직업의 위험도, 과거 병력, 생활 습관 등으로 나눌 수 있다. 특히 건강검진 결과는 매우 중요한 심사 자료가 된다.

만약 고혈압, 당뇨병과 같은 만성 질환이 있다면 보험 가입이 제한되거나 보험료가 인상될 수 있다. 또한 위험한 직업군에 속하는 경우에도 보험 가입에 제약이 있을 수 있다. 가입 절차는 대부분 비슷한 단계를 거친다. 먼저 상담과 보험 상품 상담을 진행하고, 구체적인 가입 의향서를 작성한다. 이후 건강검진을 실시하고 해당 결과를 바탕으로 보험사가 최종 심사를 진행한다. 이 과정에서 정확하고 성실한 고지는 매우 중요하다. 허위 고지나 누락된 정보는 나중에 보험금 지급에 심각한 문제를 야기할 수 있기 때문이다.

보험 가입 시 주의해야 할 또 다른 중요한 포인트는 약관의 세부 내용을 꼼꼼히 확인하는 것이다. 단순히 보장 금액만 보지 말고, 면책 조항, 보장 범위, 갱신 조건 등을 꼼꼼히 살펴봐야 한다. 특히 특약의 경우 추가로 드는 비용 대비 실제 보장 범위를 꼼꼼히 따져봐야 한다.

연령과 건강 상태에 따라 보험 가입 조건이 달라질 수 있으므로, 본인의 상황에 맞는 보험을 선택하는 것이 중요하다. 젊을 때는 상대적으로 저렴한 보험료로 높은 보장을 받을 수 있지만, 나이가 들수록 보험료는 높아지고 보장 범위는 제한될 수 있다.

디지털 시대에 맞춰 온라인으로 보험에 가입하는 경우도 많아졌다. 하지만 온라인 가입 시에도 동일한 심사 기준이 적용되며, 오히려 더 엄격할 수 있다. 따라서 온라인으로 가입할 경우 더욱 꼼꼼한 확인이 필요하다. 마지막으로 보험 가입은 단발성 사건이 아니라 지속적인 관리가 필요한 금융 상품이라는 점을 명심해야 한다. 주기적으로 본인의 보험 상품을 점검하고, 필요에 따라 갱신하거나 변경하는 것이 중요하다. 인생의 변화에 맞춰 보험도 함께 변화해야 한다.

Chapter 5.
가입 전 반드시 확인해야 할 것들

감액 및 면책 기간: 보험 계약의 핵심 요소

보험 계약에서 감액 기간과 면책 기간은 보험사의 리스크 관리와 가입자 보호를 위한 필수적인 장치다. 이 두 기간은 보험 시장의 안정성을 유지하고 모든 가입자에게 공정한 환경을 제공하는 데 중요한 역할을 한다.

감액 기간의 의미와 기능

감액 기간은 보험 계약 체결 후 일정 기간 동안 보험금을 전액이 아닌 일부만 지급하는 기간을 의미한다. 일반적으로 보험 가입 후 1~2년 사이에 적용되며, 이 기간 동안에는 보험금이 약 50% 수준으로 감액되어 지급된다. 감액 기간의 주요 목적은 보험사의 재정 안정성을 확보하는 데 있다. 보험 계약 초기에 발생할 수 있는 고액의 보험금 청구로 인한 재정적 부담을 완화함으로써, 보험사는 장기적인 관점에서 안정적인 보험금 지급 능력을 유지할 수 있다. 또한 감액 기간은 보험 가입 직후 의도적인 보험금 청구를 억제하는 효과도 있어, 보험 시장의 도덕적 해이를 방지하는 데 기여한다.

예를 들어, 생명보험이나 질병보험에서 감액 기간 동안 보험 사고가 발생할 경우, 계약자는 원래 받을 수 있는 보험금의 절반만 받게 된다. 이는 가입자가 이미 질병이 있거나 발병 가능성이 높은 상태에서 보험에 가입하는 경우를 방지하고, 보험 재정의 건전성을 유지하는 데 도움이 된다.

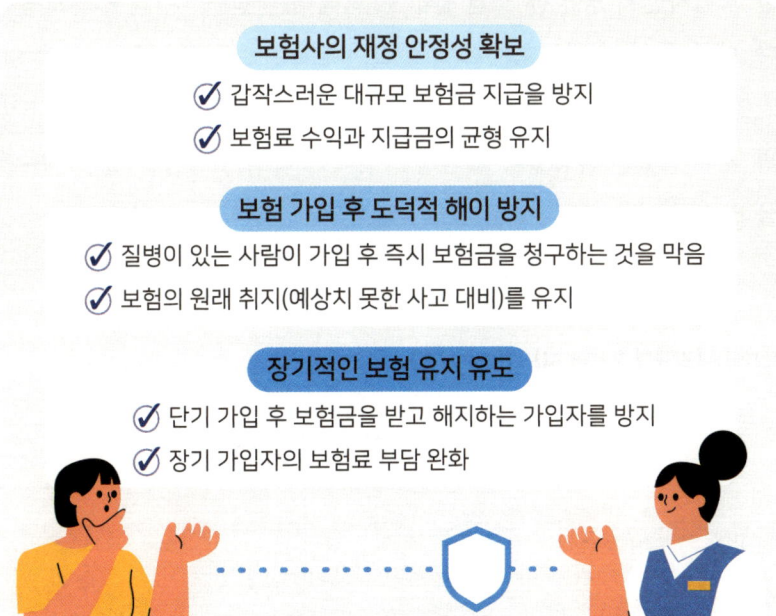

[감액 기간의 주요 기능]

보험사의 재정 안정성 확보
- 갑작스러운 대규모 보험금 지급을 방지
- 보험료 수익과 지급금의 균형 유지

보험 가입 후 도덕적 해이 방지
- 질병이 있는 사람이 가입 후 즉시 보험금을 청구하는 것을 막음
- 보험의 원래 취지(예상치 못한 사고 대비)를 유지

장기적인 보험 유지 유도
- 단기 가입 후 보험금을 받고 해지하는 가입자를 방지
- 장기 가입자의 보험료 부담 완화

면책 기간의 역할과 중요성

면책 기간은 보험 계약 체결 후 일정 기간 동안 보험사의 보장 책임이 전혀 없는 기간을 의미한다. 일반적으로 보험 가입 후 약 90일 동안 적용되며, 이 기간 동안 발생한 보험 사고에 대해서는 보험금이 지급되지

않는다. 면책 기간의 핵심 목적은 역선택(adverse selection)을 방지하는 것이다. 역선택이란 이미 질병이나 사고 위험이 높은 사람들이 보험에 가입하여 즉시 보험금을 청구하는 현상을 말한다. 면책 기간을 설정함으로써 보험사는 이러한 역선택 리스크를 효과적으로 관리할 수 있다. 또한 면책 기간은 보험 계약 직후의 고의적인 보험금 청구를 방지하는 역할도 한다. 이를 통해 보험사는 보험 사기를 예방하고, 정직한 가입자들이 공정한 조건에서 보험 혜택을 받을 수 있도록 보장한다. 예를 들어, 건강보험에서 특정 질병에 대한 보장은 보험 가입 후 90일이 지난 후에야 시작된다. 이는 이미 해당 질병을 가지고 있거나 발병 징후가 있는 사람들이 보험에 가입하여 즉시 보험금을 청구하는 것을 방지 한다.

보험상품별 감액 및 면책기간

[암보험 및 건강보험의 감액 및 면책기간]

암보험과 건강보험에서는 감액 및 면책기간이 특히 중요한 의미를 갖는다. 일반적으로 암보험의 면책기간은 90일로 설정된다. 이 기간 동안 암 진단을 받게 되면 보험금을 전혀 받을 수 없으므로, 가입 시점을 결정할 때 이 점을 고려해야 한다.

감액기간의 경우 보험사에 따라 차이가 있으나, 대체로 1년 또는 2년으로 설정된다. 일부 암종의 경우 별도의 기준이 적용되는데, 예를 들어 갑상샘암은 발병률이 높아 180일을 기준으로 감액기간을 두는 경우가 많다. 감액기간 내에 진단받을 경우 보장금액의 50%만 지급되므로 이 점을 인지하고 있어야 한다.

암보험 가입 시에는 암의 종류별로 감액기간이 다르게 적용될 수 있으므로, 약관을 통해 구체적인 조건을 확인해야 한다. 특히 최근에는 일부 보험사에서 주요 암에 대해 감액기간을 적용하지 않는 상품도 출시하고 있어, 상품 비교가 중요해졌다.

[치아보험의 감액 및 면책기간]

치아보험은 특성상 감액 및 면책기간이 상세하게 설정되는 편이다. 대부분의 치아보험에서 면책기간은 90일로, 이 기간 동안에는 어떠한 치료비도 보장받을 수 없다. 치아 상태는 가입 전부터 있던 문제가 많을 수 있기 때문에, 보험사는 이러한 면책기간을 통해 리스크를 관리한다.

감액기간은 치료 종류에 따라 달라진다. 보철치료(임플란트, 브릿지, 틀니 등)의 경우 2년의 감액기간을 두는 경우가 많고, 보존치료(아말감 충전, 레진 충전 등)는 1년의 감액기간을 두는 것이 일반적이다. 이 기간 내에 치료받을 경우 보험금의 50%만 지급된다.

치아보험의 경우 치료 종류별로 감액기간과 보장 내용이 세분화되어 있으므로, 자신이 필요로 하는 치료에 맞는 보험을 선택하는 것이 중요하다. 또한 치아 상태에 따라 가입이 제한될 수 있으므로, 치아 건강이 양호할 때 가입하는 것이 유리하다.

[기타 보험의 감액 및 면책기간]

중대질병 보험과 같은 기타 보험에서도 감액 및 면책기간이 적용된다. 중대질병 보험의 경우 일반적으로 1년 또는 2년의 감액기간을 두며, 면책 기간은 보험사에 따라 다양하게 설정된다. 이는 중대질병이 갑자기 발생하기보다는 서서히 진행되는 경우가 많기 때문에, 이미 질병의 초기

증상이 있는 상태에서 보험에 가입하는 것을 방지하기 위함이다.

또한 실손의료보험에서도 면책기간이 설정되는 경우가 있다. 이는 보험 가입 직후 발생하는 고액 의료비 청구를 방지하고, 보험 재정의 안정성을 유지하기 위한 장치다.

다양한 종류의 보험에서 감액 및 면책기간은 보험사의 리스크 관리와 가입자 간의 형평성을 위해 필요한 요소다. 보험 가입 시에는 이러한 기간에 대한 정확한 정보를 파악하고, 자신의 상황에 맞는 보험을 선택하는 것이 중요하다.

보험 가입 시 확인해야 할 사항

보험 가입 시에는 감액 및 면책기간에 대한 다음과 같은 사항을 반드시 확인해야 한다.

[보험 가입 전, 면책·감액기간 확인]

면책 및 감액기간의 정확한 길이를 확인한다.
보험사와 상품에 따라 다를 수 있으므로, 정확한 정보를 확인하는 것이 중요하다.

보험약관을 꼼꼼히 검토하여 면책 및 감액기간이 어떤 상황에서 적용되는지 이해해야 한다.
일부 보험에서는 특정 질병이나 상황에 대해서만 이러한 기간을 적용하기도 한다.

보험 상담사나 설계사의 설명에만 의존하지 말고, 직접 약관을 확인해야 한다.
때로는 상담 과정에서 중요한 정보가 누락될 수 있기 때문이다. 여러 보험사의 상품을 비교하여 감액 및 면책기간이 가장 유리한 상품을 선택한다. 최근에는 경쟁이 심화되면서 이러한 기간을 줄이거나 없애는 상품도 많아지고 있다.

감액 및 면책 기간은 보험 계약의 핵심 요소로, 보험 시장의 안정성과 공정성을 유지하는 데 중요한 역할을 한다. 이 기간들은 보험사의 재정 건전성을 보장하고, 가입자 간의 형평성을 증진시키며, 보험 시장의 도덕적 해이를 방지한다.

 가입자는 이러한 기간에 대한 충분한 이해를 바탕으로 자신의 상황에 맞는 보험 상품을 선택하고, 적절한 재정 계획을 수립해야 한다. 보험사는 이러한 기간의 목적과 필요성을 가입자에게 명확히 설명하고, 투명한 정보 제공을 통해 신뢰를 구축해야 한다. 결국, 감액 및 면책 기간은 보험 시장의 모든 참여자에게 장기적인 이익을 제공하는 중요한 메커니즘으로, 보험 산업의 지속 가능한 발전을 위한 필수적인 요소다.

약관상 부지급 사유: 청구 거절 사유 미리 알기

 보험 가입자가 질병이나 사고로 인해 보험금을 청구했을 때 보험회사로부터 "보험금 지급이 불가합니다."라는 통보를 받는 경우가 있다. 이러한 상황은 가입자에게 큰 당혹감과 경제적 부담을 안겨줄 수 있다. 보험금 부지급은 단순히 보험사의 이익을 위한 결정이 아니라 보험 약관과 관련 법규에 근거한 결정이다. 그러나 많은 가입자들이 보험 약관의 복잡성과 전문성으로 인해 부지급 사유를 제대로 이해하지 못하고 있다. 이에 보험금 청구가 거절되는 주요 사유와 대응 방법에 대해 자세히 살펴보도록 하겠다.

주요 보험금 부지급 사유

보험금 지급이 거절되는 이유는 여러 가지가 있으며, 대표적으로 고지의무 위반, 약관상 보장 범위 초과, 의학적 근거 부족, 치료 필요성 불인정, 본인부담 상한액 환급금 제외 등이 있다. 이러한 사유를 자세히 살펴보고, 가입자가 미리 대비할 수 있는 방법을 알아보자.

고지의무 위반

보험 계약은 '선의계약'을 원칙으로 한다. 이는 계약 당사자 간의 신뢰를 바탕으로 한다는 의미다. 보험 가입 시 가입자는 자신의 건강 상태, 과거 병력, 현재 복용 중인 약물 등에 대해 정확하게 고지해야 할 의무가 있다. 이를 '고지의무'라고 한다.

[보험 가입자의 고지의무 개념도]

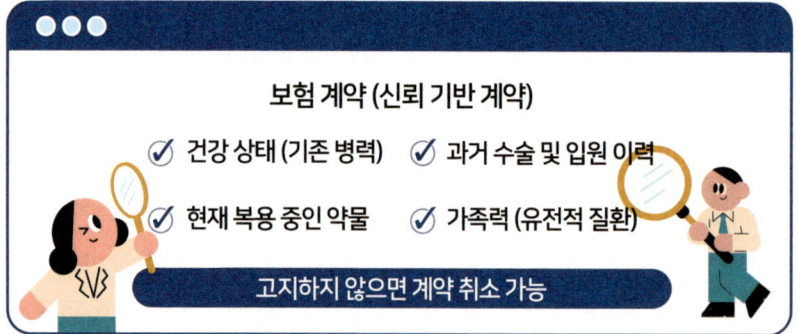

고지의무를 위반했을 때 보험사는 보험금 지급을 거절하거나 심지어 계약을 해지할 수 있다. 예를 들어, 고혈압이나 당뇨와 같은 만성질환이 있음에도 이를 숨기고 보험에 가입한 후 해당 질병으로 인한 합병증

으로 보험금을 청구하면, 보험사는 고지의무 위반을 이유로 보험금 지급을 거절할 수 있다. 고지의무 위반의 판단 기준은 '중요한 사항'에 대한 고지 여부다. 중요한 사항이란 보험사가 계약을 체결할 때 판단의 근거가 되는 사항으로, 일반적으로 청약서에 기재된 질문사항들이 이에 해당한다. 특히 최근 5년 이내의 질병이나 사고 이력, 현재 앓고 있는 질환, 복용 중인 약물 등이 중요한 고지사항이다. 보험사는 고지의무 위반이 발견된 날로부터 1개월 이내, 계약일로부터 3년 이내에만 계약을 해지할 수 있다. 그러나 고의적인 고지의무 위반의 경우에는 이러한 제한 없이 계약을 해지할 수 있다. 따라서 보험 가입 시 건강 상태에 대해 정확하게 고지하는 것이 매우 중요하다.

약관상 보상 범위 밖의 사고나 질병

보험 약관은 보상하는 손해와 보상하지 않는 손해를 명확히 구분하고 있다. 약관에 명시된 보상 범위를 벗어나는 사고나 질병에 대해서는 보험금 지급이 거절될 수 있다. 예를 들어, 암보험의 경우 '제자리암'이나 '경계성 종양'은 일반적인 암과는 다른 보상 기준이 적용되는 경우가 많다. 또한 '특정 부위 제한'이나 '특정 질병 부담보' 조건이 설정된 경우, 해당 부위나 질병에 대한 보험금 청구는 거절될 수 있다.

또한 자동차보험의 경우, 음주운전이나 무면허 운전으로 인한 사고는 보상 대상에서 제외되는 것이 일반적이다. 이처럼 약관에서 명확히 제외하고 있는 사유에 해당하는 경우 보험금 지급이 거절된다. 이러한 부지급 사유를 피하기 위해서는 보험 가입 시 약관을 꼼꼼히 확인하고, 보상 범위와 면책사항을 분명히 이해하는 것이 중요하다.

특히 보험 상품별로 보상 범위가 다를 수 있으므로, 여러 보험에 가입한 경우 각 보험의 보상 범위를 정확히 파악해두는 것이 좋다.

의학적 근거 부족

보험금 청구 시 의학적 근거가 부족하거나 주치의 소견과 보험사 자문의의 소견이 불일치하는 경우, 보험사는 보험금 지급을 거절할 수 있다. 특히 장해율 판정이나 진단비 지급과 관련된 청구에서 이러한 사유가 자주 발생한다.

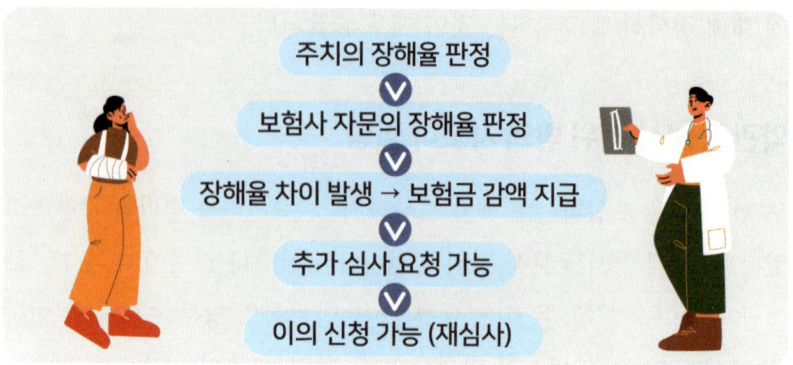

[장해율 판정 차이에 따른 보험금 지급 차이]

예를 들어, 후유장해 보험금을 청구할 때 주치의가 판단한 장해율과 보험사 자문의가 판단한 장해율이 다를 수 있다. 이 경우 보험사는 자체적인 장해율 판정을 근거로 보험금 지급을 결정하며, 이로 인해 가입자가 예상했던 것보다 적은 보험금을 받거나 전혀 받지 못하는 경우가 발생할 수 있다. 또한 암이나 특정 질병의 진단비를 청구할 때도 진단의 정확성이나 의학적 근거가 부족하다고 판단되면 보험금 지급이 거절될 수 있다. 따라서 보험금 청구 시에는 충분한 의학적 근거와 관련 서류를 준비하는 것이 중요하다.

치료 필요성 불인정한 경우

 입원비나 수술비를 청구할 때, 보험사는 해당 입원이나 수술이 의학적으로 필요했는지를 판단한다. 만약 보험사가 입원이나 수술이 불필요했다고 판단하면 보험금 지급을 거절할 수 있다.

 예를 들어, 단순 검사나 경미한 증상으로 인한 입원, 미용 목적의 수술 등은 보험금 지급 대상에서 제외되는 경우가 많다. 또한 입원 기간이 과도하게 길다고 판단되는 경우에도 일부 기간에 대한 보험금 지급이 거절될 수 있다. 이러한 부지급 사유를 피하기 위해서는 입원이나 수술의 필요성을 뒷받침할 수 있는 의료 기록과 주치의의 소견서를 충실히 준비하는 것이 중요하다. 또한 보험 약관에서 정하는 입원의 정의와 조건을 미리 확인해두는 것이 좋다.

본인부담 상한액 환급금 불인정

국민건강보험 제도에서는 본인부담 상한액이 설정되어 있어, 일정 금액 이상의 의료비는 환급받을 수 있다. 그러나 이러한 환급금은 실제 발생한 의료비가 아니므로, 일부 보험사에서는 이를 보험금 지급 대상에서 제외하기도 한다.

예를 들어, 실손의료보험의 경우 '실제 발생한 의료비'를 보상하는 것이 원칙이다. 따라서 본인부담 상한액을 초과하여 환급받은 금액은 실제로 부담한 의료비가 아니므로, 이를 제외한 금액을 기준으로 보험금이 지급된다. 이러한 제한사항은 보험 약관에 명시되어 있으므로, 보험 가입 시 약관을 꼼꼼히 확인하고 보상 기준을 정확히 이해하는 것이 중요하다.

부지급 사유 대응 방법

보험금 청구가 거절되었을 때 가입자는 다양한 방법을 통해 대응할 수 있다. 가장 먼저 할 수 있는 방법은 보험사에 민원을 제기하는 것이다. 보험사의 고객센터를 통해 부지급 결정에 대한 구체적인 이유와 근거를 요청하고, 이에 대한 재검토를 요구할 수 있다. 이 과정에서 보험금 청구와 관련된 모든 서류와 의료 기록을 준비하고, 보험 약관과 보상 조건을 비교하여 논리적으로 접근하는 것이 중요하다. 많은 경우 보험사는 민원 제기를 계기로 청구 내용을 다시 검토하며, 추가 자료 제출이나 의료 자문을 통해 최종 결정을 내리기도 한다. 따라서 보험금 지급 거절을 통보받았더라도 바로 포기하지 않고 보험사에 재검토 요청을 하는 것이 필요하다. 보험사와 협의가 원만히 이루어지지 않는 경

[보험사 민원 제기 시 준비해야 할 서류]

보험 약관 관련 조항 정리 (보장 범위 증빙)	✓
보험증권 (보험 가입 증빙)	✓
진단서 및 입원/퇴원 확인서	✓
치료비 및 약제비 영수증	✓
추가 검사 결과지 (필요한 경우)	✓
주치의 소견서 (추가 설명 필요 시)	✓
보험 약관 관련 조항 정리 (보장 범위 증빙)	✓

우에는 금융감독원에 분쟁조정을 요청할 수 있다. 금융감독원은 중립적인 입장에서 보험금 청구의 타당성을 검토하고, 분쟁 해결을 위한 조정안을 제시하는 역할을 한다. 금융감독원의 분쟁조정 제도는 무료로 이용할 수 있으며, 신청은 금융감독원 홈페이지나 전화로 가능하다. 신청 시 보험증권, 진단서, 의료비 영수증 등 관련 서류를 제출해야 하며, 금융감독원의 조정 결과는 법적 구속력이 없지만 대부분의 보험사는 이를 존중하는 경향이 있다.

 또한, 금융감독원과 함께 한국소비자원에 민원을 제기하는 방법도 있다. 한국소비자원은 소비자 권익 보호를 위한 기관으로, 보험 관련 분쟁에 대한 조정 서비스를 제공한다. 한국소비자원에 민원을 제기할 때는 보험증권, 약관, 청구 관련 서류 등을 함께 제출해야 하며, 부지급 결정이 부당하다는 근거를 명확하게 제시하는 것이 중요하다. 한국소비자원의 분쟁조정 결과 역시 법적 구속력은 없지만, 조정이 성립되면 재판상 화해와 동일한 효력을 가지므로 유용한 대응 방법이 될 수 있다.

[금융감독원 vs 소비자원 차이]

기관	역할	신청 방법	법적 구속력
금융감독원	보험금 지급 거절 관련 분쟁 조정	홈페이지 / 전화 신청	없음 (권고안)
한국소비자원	소비자 권익 보호 및 보험 분쟁 조정	서류 제출 후 접수	조정 성립 시 법적 효력

 보험금을 지급받기 위해 재청구를 고려할 수도 있다. 부지급 사유를 정확히 파악한 후 추가 자료를 준비하여 다시 청구하면 보험금을 받을 가능성이 높아진다. 특히 의학적 근거 부족이나 치료 필요성이 인정되지 않아 거절된 경우에는 주치의 소견서를 보완하거나 추가적인 의료 자료를 제출하는 것이 효과적이다. 예를 들어, 장해율 판정과 관련된 부지급 사례에서는 보다 구체적인 의료 기록이나 전문의의 소견서를 제출하여 장해 상태를 명확히 입증하는 것이 필요하다. 또한, 처음 청구할 때 서류가 부실했거나 누락된 경우에도 이를 보완하여 다시 청구하면 보험금을 지급받을 가능성이 높아진다.

 보험금 청구가 복잡하거나 보험사와의 협상이 어려운 경우에는 독립 손해사정사를 선임하는 방법도 있다. 손해사정사는 보험금 청구와 관련된 전문가로, 청구 서류 준비부터 보험사와의 협상까지 전반적인 과정을 대행해준다. 특히 고액 보험금 청구나 복잡한 사례의 경우, 손해사정사의 도움을 받으면 보다 효과적으로 청구할 수 있다. 손해사정사는 보험 약관과 관련 법규에 대한 전문 지식을 바탕으로 가입자의 권익을 대변하고 적정한 보험금을 산정하는 데 도움을 준다. 그러나 손해사정사 선임에는 별도의 비용이 발생할 수 있으므로, 보험금 청구액과 선임 비용을 비교하여 결정하는 것이 좋다. 또한, 신뢰할 수 있는 손해사정사를 선임하기 위해 금융감독원에 등록된 공인 손해사정사인지 확인하는 것이 중요하다.

보험금 청구가 거절되었더라도 여러 가지 방법을 통해 이를 해결할 수 있으며, 상황에 맞는 적절한 대응을 하는 것이 필요하다. 가입자는 보험사의 결정에 이의를 제기하고, 금융감독원과 한국소비자원의 분쟁조정 제도를 활용하며, 필요하다면 손해사정사의 도움을 받아 보다 적극적으로 보험금을 지급받을 수 있도록 노력해야 한다.

부지급 사유 대응 방법

보험금을 청구했을 때 지급이 거절되는 상황을 예방하려면, 가입부터 청구까지 철저한 준비가 필요하다. 보험 가입자는 정확한 정보 제공, 약관 숙지, 의료 기록 관리, 보험금 청구 절차 이해 등의 방법을 통해 부지급 사유를 최소화할 수 있다.

보험 가입 시에는 자신의 건강 상태, 과거 병력, 현재 복용 중인 약물 등을 정확히 고지하는 것이 필수적이다. 보험 계약은 신뢰를 기반으로 하기 때문에 가입자가 고의적으로 정보를 누락하면 보험금 지급이 거절될 수 있다. 특히 최근 5년 이내의 질병 이력, 수술 경험, 투약 이력 등은 반드시 고지해야 하며, 불확실한 경우 보험 설계사나 보험사에 문의하여 명확한 답변을 얻는 것이 중요하다. 또한, 보험 가입 시 약관을 충분히 숙지하는 것도 필수적이다. 보장 범위와 면책사항을 명확히 이해하지 못하면 예상치 못한 상황에서 보험금을 받지 못할 수 있다. 보험금 지급 조건, 면책 사항, 감액 지급 조건 등을 미리 파악해두면 불필요한 분쟁을 방지할 수 있다. 약관은 전문적인 용어가 많아 이해하기 어려울 수 있으므로, 보험 설계사나 보험사 고객센터를 통해 충분한 설명을 듣고 가입 후에도 보관해 두는 것이 좋다.

 보험금 청구 시 필요한 의료 기록을 체계적으로 관리하는 것도 중요하다. 진단서, 진료확인서, 입퇴원확인서, 수술확인서 등은 미리 준비해 두는 것이 바람직하며, 장기간 치료가 필요한 질병이나 사고의 경우 모든 의료 기록을 철저히 보관해야 한다. 또한, 주치의와의 상담 내용이나 처방 내역도 기록해두면 보험금 청구 시 유용하게 활용할 수 있다. 더불어, 보험금 청구 절차를 미리 이해하는 것이 필요하다. 보험사마다 청구 절차가 다를 수 있으므로, 가입한 보험사의 공식 홈페이지나 고객센터를 통해 정확한 정보를 확인하는 것이 좋다.

 한 번에 모든 서류를 완벽하게 준비하는 것보다 기본적인 서류를 먼저 제출하고, 보험사의 안내에 따라 추가 서류를 보완하는 방식이 보다 효율적이다. 이를 통해 불필요한 서류 준비로 인한 시간과 비용을 절약할 수 있다. 보험금 부지급은 가입자에게 큰 경제적 부담을 줄 수 있지만, 사전에 대비하면 충분히 예방할 수 있다.

 가입 시 정확한 정보를 제공 하고, 약관을 철저히 숙지하며, 의료 기록을 정리해두는 것이 중요하다. 또한, 보험금 청구 과정에서 필요한 서류를 꼼꼼하게 준비하고, 부지급 결정이 내려진 경우에도 적극적으로 대응하면 불이익을 최소화할 수 있다.

 무엇보다 보험은 미래의 불확실한 위험을 대비하는 수단이라는 점을 명심해야 한다. 보험 가입부터 보험금 청구까지 전 과정에서 신중하고 체계적인 접근을 하면, 보험의 본래 목적을 효과적으로 실현할 수 있으며, 예상치 못한 상황에서도 경제적 보장을 받을 수 있다.

가입 전 '나에게 꼭 맞는지' 보험 최종 점검하기

보험은 인생의 불확실성에 대비하기 위한 중요한 안전장치다. 그러나 수많은 보험 상품 중에서 자신에게 가장 적합한 보험을 선택하는 것은 쉽지 않은 일이다. 잘못된 선택은 필요한 보장을 받지 못하거나 불필요하게 높은 보험료를 지불하는 결과를 초래할 수 있다. 따라서 보험 가입 전 '나에게 꼭 맞는지'를 철저히 점검하는 과정이 필수적이다. 이 글에서는 보험 가입 전 확인해야 할 핵심 사항들과 최종 점검 방법에 대해 상세히 알아보도록 하겠다.

현재 건강 상태 및 필요 파악하기

건강 상태 평가

보험 가입을 고려할 때 가장 먼저 살펴봐야 할 것은 자신의 현재 건강 상태다. 현재 앓고 있는 질환이 있는지, 만성 질환이 있는지, 가족력에 특정 질병이 있는지 등을 정확히 파악해야 한다. 건강 상태에 따라 필요한 보장 범위가 달라지며, 이는 보험 선택의 중요한 기준이 된다.

특히 고혈압, 당뇨, 심장 질환과 같은 만성 질환이 있는 경우, 이러한 질환에 대한 보장이 충분한지 확인해야 한다. 또한 앞으로 예상되는 건강 변화(예: 임신 계획, 노화에 따른 질환 위험 증가)도 고려해야 한다. 건강 상태를 정확히 파악하면 보험 가입 시 고지의무를 충실히 이행할 수 있으며, 이는 추후 보험금 청구 과정에서 분쟁을 예방하는 데 도움이 된다.

의료 필요 분석

최근 1-2년간 어떤 의료 서비스를 이용했는지 분석해보는 것이 좋다. 정기 검진만 받았는지, 특정 질환으로 병원을 자주 방문했는지, 처방약을 정기적으로 복용하고 있는지 등을 검토해야 한다. 이러한 분석을 통해 앞으로 어떤 의료 서비스가 필요할지 예측할 수 있다.

예를 들어, 안경이나 콘택트렌즈를 사용하는 경우 시력 교정에 관한 보장이 필요할 수 있다. 치과 치료를 자주 받는다면 치과 보험이 포함된 상품을 고려해야 한다. 또한 특정 약물을 정기적으로 복용하는 경우, 해당 약물이 보험 약관의 보장 범위에 포함되어 있는지 확인하는 것이 중요하다.

보험 약관 및 보장 범위 확인하기

약관 내용 이해하기

보험 약관은 보험 계약의 핵심이다. 약관에는 보장 범위, 면책 사항, 보험금 지급 조건 등 중요한 정보가 포함되어 있다. 그러나 많은 사람들이 약관을 제대로 읽지 않거나 이해하지 못한 채 보험에 가입하는 경우가 많다. 이는 추후 보험금 청구 시 예상치 못한 문제를 발생시킬 수 있다.

약관을 읽을 때는 특히 '보장하는 사항'과 '보장하지 않는 사항'을 명확히 구분하여 이해해야 한다. 또한 '면책 기간', '대기 기간', '감액 기간' 등의 개념도 정확히 파악해야 한다. 면책 기간은 보험 가입 후 일정 기간 동안 보장이 제외되는 기간을, 대기 기간은 특정 질병에 대한 보장이 시작되기 전까지의 기간을, 감액 기간은 보험금이 일정 비율로 감액되어 지급되는 기간을 의미한다.

보장 범위 검토하기

보험의 보장 범위는 자신의 필요와 일치해야 한다. 보장 범위가 너무 좁으면 필요한 보장을 받지 못할 수 있고, 너무 넓으면 불필요하게 높은 보험료를 지불하게 된다. 따라서 자신에게 정말 필요한 보장이 무엇인지 정확히 파악하고, 이에 맞는 보험을 선택해야 한다.

예를 들어, 암보험을 고려할 때는 '일반암', '특정암', '소액암' 등의 구분과 각각에 대한 보장 금액을 확인해야 한다. 실손의료보험의 경우에는 입원비, 수술비, 통원 치료비 등의 보장 한도와 자기부담금 비율을 검토해야 한다. 또한 특약을 통해 추가할 수 있는 보장 옵션도 고려해야 한다.

비용 구조 분석하기

보험료 계산하기

보험료는 보험 가입자가 보험 보장을 받기 위해 정기적으로 지불하는 비용이다. 보험료는 가입자의 나이, 성별, 건강 상태, 직업, 보장 범위 등 다양한 요소에 따라 결정된다. 보험에 가입하기 전에 월 보험료가 자신의 예산 범위 내에 있는지 확인해야 한다.

또한 장기적인 관점에서 보험료의 변동 가능성도 고려해야 한다. 일부 보험은 가입 시에는 보험료가 저렴하지만, 갱신 시 보험료가 크게 인상될 수 있다. 따라서 보험료 갱신 방식과 인상 가능성에 대해서도 미리 확인하는 것이 좋다.

추가 비용 고려하기

보험료 외에도 보험 이용 시 발생할 수 있는 추가 비용을 고려해야 한다. 대표적인 추가 비용으로는 공제금(deductible), 자기부담금(coinsurance), 최대 자기부담 한도(out-of-pocket maximum) 등이 있다.

공제금은 보험 보장이 시작되기 전에 가입자가 부담해야 하는 금액이다. 자기부담금은 보험 보장이 적용된 후에도 가입자가 일정 비율을 부담해야 하는 금액이다. 최대 자기부담 한도는 가입자가 일 년 동안 부담할 수 있는 최대 금액으로, 이 한도를 초과하면 보험사가 100% 보장한다.

이러한 추가 비용은 보험료와 반비례하는 경향이 있다. 즉, 공제금과 자기부담금이 높을수록 보험료는 낮아지고, 반대로 공제금과 자기부담금이 낮을수록 보험료는 높아진다. 따라서 자신의 재정 상황과 예상되는 의료 필요를 고려하여 적절한 balance를 찾는 것이 중요하다.

[추가 비용 개념 정리]

- **공제금 (Deductible)**: 보험 혜택이 시작되기 전에 가입자가 부담해야 하는 금액
- **자기부담금 (Coinsurance)**: 보험 적용 후에도 가입자가 부담하는 일정 비율의 비용
- **최대 자기부담 한도 (Out-of-Pocket Maximum)**: 가입자가 1년 동안 부담할 최대 금액 (초과 시 보험사 100% 부담)

보험사 및 네트워크 확인하기

보험사 신뢰도 평가하기

보험사의 신뢰도와 재정 안정성은 보험 선택 시 중요한 고려 사항이다. 보험은 장기 계약인 경우가 많으므로, 보험사가 오랜 기간 동안 안정적으로 운영될 수 있는지 확인해야 한다. 보험사의 신뢰도는 금융감독원의 평가 결과, 고객 만족도 조사, 민원 발생 건수 등을 통해 확인할 수 있다.

또한 보험사의 고객 서비스 품질도 중요한 요소다. 보험금 청구 과정이 얼마나 편리한지, 고객 문의에 대한 응대가 빠르고 정확한지 등을 확인하는 것이 좋다. 이는 기존 고객의 리뷰나 주변의 경험담을 통해 간접적으로 확인할 수 있다.

의료 네트워크 확인하기

의료 보험의 경우, 보험사의 의료 네트워크도 중요한 고려 사항이다. 의료 네트워크란 보험사와 계약을 맺은 의료 기관의 목록으로, 네트워크 내의 의료 기관을 이용할 때 보험 혜택을 더 많이 받을 수 있다.

자신이 자주 이용하는 병원이나 의사가 보험사의 네트워크에 포함되어 있는지 확인해야 한다. 또한 네트워크의 규모와 다양성도 중요하다. 네트워크가 작으면 선택할 수 있는 의료 기관이 제한적이고, 네트워크가 크면 다양한 선택이 가능하다.

고지의무 및 부지급 사유 이해하기

고지의무 이행하기

보험 가입 시 가입자는 자신의 건강 상태, 과거 병력, 현재 복용 중인 약물 등에 대해 정확하게 고지해야 할 의무가 있다. 이를 '고지의무'라고 하며, 고지의무를 위반할 경우 보험금 지급이 거절되거나 보험 계약이 해지될 수 있다. 고지의무를 이행할 때는 보험 청약서의 질문에 대해 정확하고 성실하게 답변해야 한다. 자신의 건강 상태에 대해 확신이 없다면, 의료 기록을 확인하거나 의사와 상담하여 정확한 정보를 제공하는 것이 좋다.

부지급 사유 확인하기

보험금을 청구했을 때 보험사가 지급을 거절할 수 있는 사유를 '부지급 사유'라고 한다. 부지급 사유는 보험 약관에 명시되어 있으며, 이를 미리 확인하면 보험금 청구 시 발생할 수 있는 문제를 예방할 수 있다. 일반적인 부지급 사유로는 고지의무 위반, 면책 기간 내 발생한 사고나 질병, 보장 범위에 포함되지 않는 사고나 질병, 보험금 청구 서류의 위조나 변조 등이 있다. 이러한 부지급 사유를 이해하고, 보험 가입 및 이용 과정에서 이를 준수하는 것이 중요하다.

기타 혜택 및 서비스 확인하기

추가 혜택 검토하기

많은 보험 상품은 기본적인 보장 외에도 다양한 추가 혜택을 제공한다. 이러한 추가 혜택은 보험의 가치를 높이는 요소로, 보험 선택 시 고려해야 한다. 건강 보험의 경우, 건강 검진, 예방 접종, 건강 상담 등의 추가 혜택을 제공할 수 있다. 자동차 보험의 경우, 차량 견인, 배터리 충전, 비상 급유 등의 서비스를 제공할 수 있다. 이러한 추가 혜택이 자신에게 유용한지 평가하고, 이를 보험 선택의 기준으로 삼는 것이 좋다.

보험금 청구 지원 서비스 확인하기

보험금 청구는 복잡하고 시간이 많이 소요되는 과정일 수 있다. 따라서 보험사가 제공하는 보험금 청구 지원 서비스도 중요한 고려 사항이다.

일부 보험사는 온라인이나 모바일 앱을 통한 간편한 보험금 청구 시스템을 제공한다. 또한 보험금 청구 전담 상담사나 손해사정사를 통한 개인 맞춤형 지원 서비스를 제공하기도 한다. 이러한 서비스는 보험금 청구 과정의 편의성을 높이고, 보험금을 신속하게 받는 데 도움이 된다.

보험 최종 점검 방법

 보험 가입 전 최종 점검 단계에서는 모든 관련 문서를 꼼꼼히 검토해야 한다. 보험 약관, 요약 설명서(Summary of Benefits and Coverage), 보험 증권 등을 철저히 읽고, 이해하지 못하는 부분이 있다면 보험설계사나 보험사 고객 서비스에 문의해야 한다.
 특히 보험 약관의 '보장하는 사항'과 '보장하지 않는 사항', '용어의 정의' 부분을 주의 깊게 읽어야 한다. 또한 보험금 청구 방법, 계약 해지 조건, 보험료 납입 방법 등의 실무적인 내용도 확인해야 한다. 보험 약관이나 설명서만으로는 이해하기 어려운 부분이 있다면, 보험사의 고객 서비스에 문의하는 것이 좋다. 고객 서비스는 보험 상품에 대한 자세한 설명을 제공하고, 가입자의 질문에 답변해 줄 수 있다.

 문의할 때는 자신의 상황과 필요를 명확히 설명하고, 이에 맞는 보험 상품인지 확인해야 한다. 또한 약관의 특정 조항이나 용어에 대한 설명을 요청할 수도 있다. 고객 서비스의 응대 태도와 설명의 명확성도 보험사 선택의 중요한 기준이 될 수 있다.여러 보험 상품을 비교 분석하는 것은 최종 선택 전 필수적인 과정이다. 비교 분석을 통해 각 보험 상품의 장단점을 파악하고, 자신에게 가장 적합한 상품을 선택할 수 있다.

[보험 가입 전 문서 검토 체크리스트]

보장하는 사항 & 보장하지 않는 사항	보장 범위 및 면책사항 명확히 이해하기	☐
보험금 청구 절차	청구 서류 및 소요 기간 확인	☐
계약 해지 조건	해지 가능 시점과 환급금 여부 확인	☐
보험료 납입 방식	월납, 연납, 자동이체 등 방식 확인	☐
용어 정의 확인	보장 한도, 자기부담금, 갱신 조건 등 이해	☐

 비교 분석 시에는 보장 범위, 보험료, 추가 비용, 보험사의 신뢰도, 고객 서비스 품질 등 다양한 요소를 종합적으로 고려해야 한다. 또한 단순히 가격만 비교하기보다는, 가성비(가격 대비 보장 가치)를 중심으로 비교하는 것이 좋다. 보험은 인생의 불확실성에 대비하는 중요한 안전장치다. 그러나 모든 보험이 모든 사람에게 적합한 것은 아니다. 각자의 상황, 필요, 예산에 맞는 보험을 선택하는 것이 중요하다.

 이를 위해 서는 보험 가입 전 '나에게 꼭 맞는지'를 철저히 점검하는 과정이 필수 적이다. 현재 건강 상태와 의료 필요를 정확히 파악하고, 보험 약관과 보장 범위를 꼼꼼히 확인해야 한다. 또한 보험료와 추가 비용의 구조를 이해하고, 보험사의 신뢰도와 의료 네트워크를 검토해야 한다. 고지의 무와 부지급 사유를 명확히 이해하고, 추가 혜택과 서비스도 확인해야 한다.

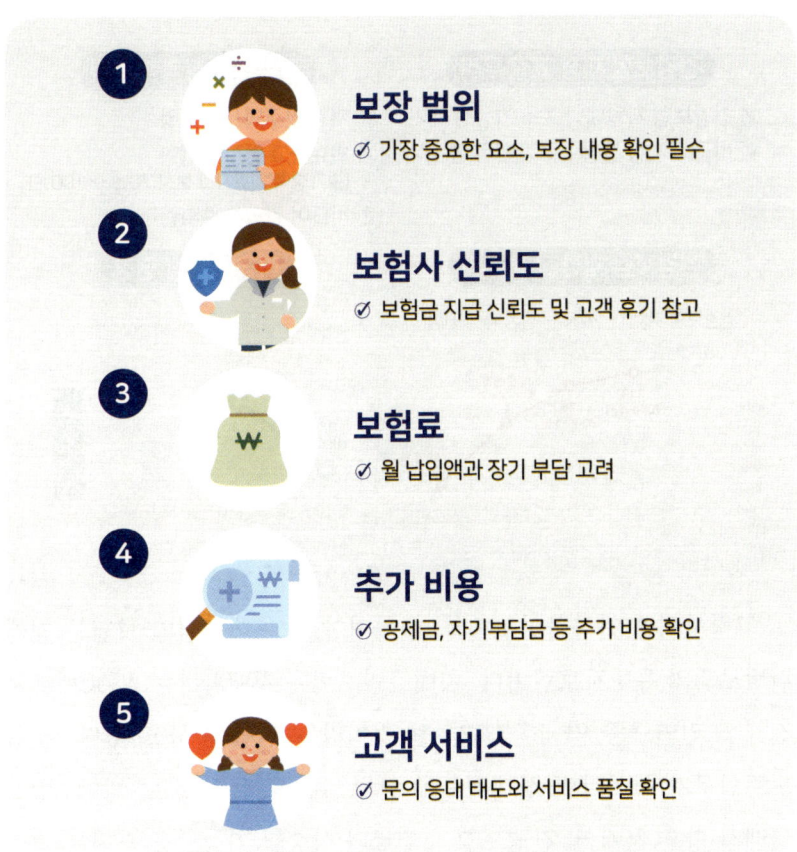

 최종적으로 관련 문서를 검토하고, 필요한 경우 고객 서비스에 문의하며, 여러 보험 상품을 비교 분석한 후 결정을 내리는 것이 좋다. 이러한 과정을 통해 자신에게 가장 적합한 보험을 선택하면, 보험의 본래 목적인 '안전과 안정'을 효과적으로 달성할 수 있을 것이다.

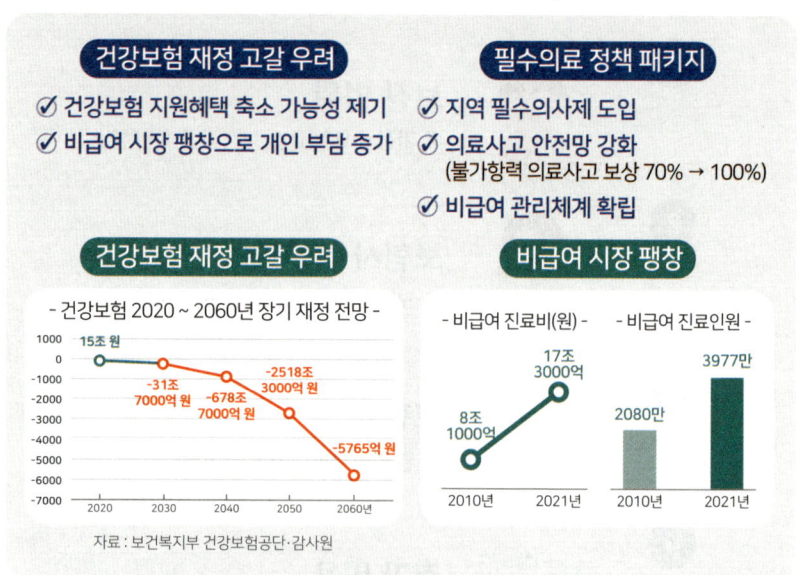

  초고령사회에 진입하면서 관심을 가져야 하는 대표적인 보험은 치매간병보험과 유병자보험이다. 치매간병보험은 치매환자는 2060년에는 전체 노인인구중 약 17.7%가 될 것이라는 전망을 하고 있다. 또한 노인인구가 늘어나면 상대적으로 간병 수요도 늘어날 수 밖에 없다. 그래서 향후 치매 및 간병보험 보험료가 상승할 가능성을 크다는 전망이다. 그래서 미리 준비할 수 있는 시기에 해당 보험상품을 잘 가입하는 것을 추천한다.

  또한 최근 간편심사 유병자보험이 많이 출시되고 있다. 예전에는 질병 및 수술 이력이 있는 경우 가입이 거절되거나 일부 보장이 제한되고 보험이 가입되는 형태였지만 최근에는 일정 보험료 가 인상되기는 하지만 보험가입이 가능하다. 향후에는 유병자들이 유병자보험을 많이 가입하는 경우 보험료인상 가능성도 있으며, 보장이 제한 될 수 있으니 과거 질병이나 치료이력으로 보험가입이 안되었던 분들이 유병자보험에 관심을 가지면 좋을 것이다.

또한 갱신형과 비갱신형 보험의 선택도 중요한 고려사항이다. 갱신형은 초기 보험료는 저렴하지만 나이가 들수록 보험료가 급등할 수 있다. 반면 비갱신형은 초기 보험료는 높지만 가입 후 보험료가 고정되어 노후 대비에 더 적합할 수 있다.

[비갱신보험의 필요성]

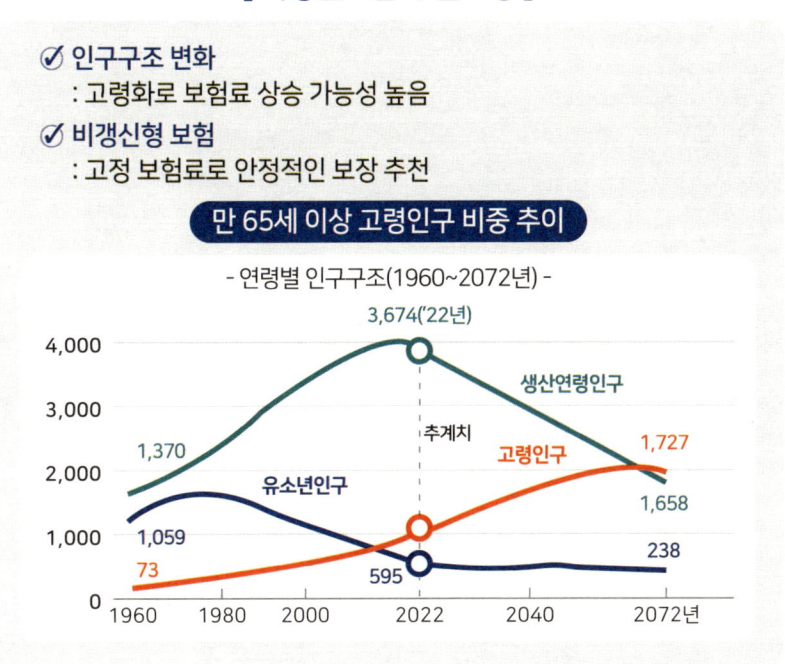

2부

혼자서
보장분석하고
리모델링하기

Chapter 1.
보장분석이란 무엇인가?

 현대 사회에서 재정적 안정성을 확보하는 것은 매우 중요하다. 개인과 가족의 미래를 보호하기 위해서는 체계적인 재무 관리가 필수적이며, 그 중에서도 보장분석은 핵심적인 역할을 한다. 보험은 단순히 돈을 지불하고 보장을 받는 것이 아니라, 실제로 우리에게 필요한 위험을 정확하게 대비하는 도구여야 한다.

보장분석의 근본적인 목적은 개인이 가진 잠재적 재정적 위험을 정확하게 파악하고 적절한 대응 방안을 마련하는 것이다. 이는 단순히 보험 상품의 개수나 보험료의 다과를 확인하는 것이 아니라, 실제로 발생할 수 있는 위험 상황에 대비할 수 있는 실질적인 보장 범위를 점검하는 과정이다. 예를 들어, 갑작스러운 질병이나 사고, 장기적인 소득 상실 등 다양한 상황에서 개인과 가족을 보호할 수 있는 재정적 안전망을 구축하는 것이 중요하다.

 보장분석을 통해 개인은 자신의 현재 보험 상품을 면밀히 검토할 수 있다. 중복된 보장, 부족한 보장, 불필요한 보험 등을 식별하고 개선할 수 있는 기회를 얻게 된다. 이는 단순히 비용 절감만이 아니라 더욱 효율적이고 최적화된 보험 포트폴리오를 구축하는 데 도움을 준다. 특히 생애주기의 변화, 직업의 변경, 가족 구성의 변화 등에 따라 보험 니즈는 지속적으로 변화하기 때문에 정기적인 보장분석은 필수적이다.

[생애주기별 보장 필요성]

연령대	주요 보장 필요성	필수 보험 유형
20~30대 (사회 초년생)	상해 및 질병 위험 대비, 저축 및 투자 시작	건강보험, 상해보험, 저축성 보험
40~50대 (경제활동 정점, 가족 부양기)	자녀 교육비, 소득 보장, 노후 준비	소득보장보험, 암보험, 연금보험
60대 이후 (은퇴 및 노후기)	의료비 대비, 안정적인 생활 자금 확보	실손보험, 장기요양보험, 연금보험

보장분석의 핵심은 개인의 고유한 상황을 정확하게 이해하는 것이다. 연령, 직업, 가족 구성, 건강 상태, 재정적 목표 등 다양한 요소를 종합적으로 고려해야 한다. 이를 통해 단순히 보험 상품을 구매하는 것이 아니라, 진정으로 필요한 보장을 설계할 수 있다. 전문가의 도움을 받을 수도 있지만, 기본적인 보장분석은 개인 스스로도 충분히 수행할 수 있다.

보장분석은 단순한 재무 관리 도구가 아니라 미래에 대한 안전한 대비 전략이다. 불확실한 미래에 대비하여 개인과 가족의 재정적 안정성을 확보하는 중요한 과정이라고 할 수 있다. 지속적이고 체계적인 보장분석을 통해 우리는 예기치 못한 위험으로부터 자신과 가족을 보호할 수 있으며, 더욱 안정적이고 풍요로운 삶을 설계할 수 있다.

보장분석의 개념과 필요성

현대 사회에서 재무적 안전망을 구축하는 것은 매우 중요한 과제이다. 보장분석은 개인이 자신의 재무 상태와 위험 대비 능력을 체계적으로 평가하는 핵심적인 방법이다. 이는 단순히 보험 계약서를 검토하는 것을 넘어서 개인과 가족의 실제적인 재정적 위험을 깊이 있게 이해하는 과정이다.

보장분석의 근본적인 목적은 개인이 직면할 수 있는 다양한 재무적 리스크를 사전에 식별하고 대비하는 것이다. 예를 들어, 갑작스러운 질병, 사고, 소득 상실 등의 상황에서 재정적 충격을 최소화할 수 있는 전략을 수립할 수 있다. 이는 단순한 보험 가입을 넘어 실질적인 재무 안전망을 구축하는 과정이라고 할 수 있다.

[주요 재무적 리스크 및 대응 전략]

위험 요소	설명	보장 전략
갑작스러운 질병	암, 심혈관 질환 등 장기 치료 필요	실손보험, 암보험, 중대질병보험
사고	교통사고, 산재 등으로 인한 후유 장애	상해보험, 후유장해보험
소득 상실	실직, 경제 불황 등으로 인한 장기적 소득 중단	소득보장보험, 연금보험
가족 보호	배우자 또는 자녀의 생활 자금 부족	사망보험, 교육보험
노후 대비	은퇴 후 의료비 및 생활비 부담	연금보험, 장기요양보험

효과적인 보장분석은 개인의 현재 상황과 미래 계획을 종합적으로 고려해야 한다. 연령, 직업, 가족 구성원, 소득 수준, 부채 상황 등 다양한 요소를 면밀히 검토해야 한다. 이러한 종합적인 접근은 불필요

한 보험 상품 가입을 방지하고, 실제로 필요한 보장을 정확하게 파악할 수 있게 해준다.

보장분석의 또 다른 중요한 측면은 보험 상품의 중복과 사각지대를 발견하는 것이다. 많은 사람들이 불필요하게 중복된 보험 상품에 가입하거나, 반대로 중요한 보장 영역을 놓치는 경우가 많다. 체계적인 분석을 통해 이러한 문제점을 사전에 발견하고 최적화할 수 있다.

또한 보장분석은 단발성 활동이 아니라 지속적인 프로세스로 접근해야 한다. 개인의 생애주기, 사회경제적 환경 변화, 가족 상황 등은 끊임없이 변화하기 때문에 정기적인 보장 점검이 필요하다. 최소 1~2년에 한 번씩 자신의 보장 상태를 재평가하고 필요한 조정을 하는 것이 중요하다.

전문가의 도움 없이도 기본적인 보장분석은 충분히 가능하다. 보험증권, 약관을 꼼꼼히 읽고, 온라인 도구와 계산기를 활용하면 스스로 상당한 수준의 분석을 수행할 수 있다. 물론 복잡한 상황에서는 재무설계사나 보험 전문가의 조언을 구하는 것도 좋은 방법이다.

결론적으로 보장분석은 개인의 재무적 안전과 미래 대비를 위해 반드시 필요한 활동이다. 체계적이고 지속적인 접근을 통해 불확실한 미래에 대비하고, 재정적 안정성을 확보할 수 있다. 자신과 가족의 미래를 위해 보장분석의 중요성을 인식하고 적극적으로 실천해야 할 것이다.

스스로 할 수 있는 '기본 보장 점검' 방법

보험을 스스로 점검하는 것은 재정적 안정성을 확보하는 중요한 첫걸음이다. 많은 사람들이 전문가의 도움 없이는 자신의 보험을 제대로 분석할 수 없다고 생각하지만, 실제로는 몇 가지 간단한 방법으로 충분히 기본적인 점검이 가능하다. 보험 점검의 핵심은 복잡한 계산이 아니라 자신의 현재 상황을 정확히 이해하는 것이다.

[스스로 하는 보험 점검 단계]

1. 보험증권 수집 및 정리
2. 보장 범위 및 주요 항목 확인
3. 가족 상황 변화에 따른 보장 필요성 점검
4. 보장 금액의 적정성 평가
5. 중복 보장 및 누락된 보장 확인
6. 특약, 보장기간, 면책기간 점검

☑ 정기적인 재점검 (연 1회 이상)

첫 번째로 해야 할 일은 모든 보험증권을 한자리에 모으는 것이다. 서랍 속, 서류함, 디지털 폴더 등에 흩어져 있는 보험 관련 문서를 수집해야 한다. 종이 문서와 전자 문서를 구분해서 정리하고, 각 보험증권의 주요 내용을 요약하는 것이 중요하다. 이렇게 함으로써 현재 가입한 모든 보험의 전체 그림을 그릴 수 있다.

다음으로 각 보험의 보장 범위를 중요 항목별로 확인해야 한다. 보험증권의 세부 내용이 보장하게 보이나 중요항목별로 구분해서 살펴보면 크게 어렵지 않다 주의 깊게 살펴보면서 실제로 어떤 상황에서 보장이 이루어지는지 체크해야 한다.

또한 가족 구성원의 상황도 중요하게 고려해야 한다. 결혼, 출산,

자녀의 성장 등 가족 상황의 변화에 따라 필요한 보장도 달라진다. 예를 들어, 자녀가 성장하면서 교육비 보장이나 상해보험의 필요성이 변할 수 있다. 최소 연 1회 이상 가족의 현재 상황과 보험 보장을 비교 점검해야 한다.

보장 금액의 적정성도 중요한 점검 요소다. 현재 소득 대비 보장 범위가 충분한지, 혹은 과도하게 높은 보험료를 내고 있는지 확인해야 한다. 소득의 일정 비율(보통 10~15%)을 보험료로 사용하는 것이 일반적이므로, 이를 기준으로 현재 상황을 점검해볼 수 있다.

중복 보장과 누락된 보장을 찾는 것도 중요하다. 여러 보험에 가입하면서 비슷한 내용의 보장이 중복되는 경우가 많다. 반대로 전혀 보장되지 않는 영역이 있을 수도 있다. 각 보험의 보장 내용을 꼼꼼히 비교하면서 이러한 부분을 찾아내야 한다.

마지막으로, 내가 가입한 특약의 특이사항 및 면책기간, 보장기간 등을 보험약관을 통해서 확인하는 것이다. 많은 사람들이 보험 가입 후 약관을 제대로 읽지 않아 나중에 보장받지 못하는 상황을 겪는다. 수술비, 진단비, 사망보험금 등 주요 보장 내용을 꼼꼼히 확인해야 한다.

이러한 방법들을 통해 누구나 전문가의 도움 없이도 기본적인 보험 점검이 가능하다. 중요한 것은 정기적이고 꾸준한 점검이다. 매년 혹은 중요한 인생의 전환기마다 보험을 점검하면 불필요한 지출을 줄이고 더 효율적인 보장을 설계할 수 있다.

전문가 보장분석과의 차이점

보장분석을 할 때 개인이 스스로 하는 분석과 전문가가 수행하는 분석 사이에는 여러 가지 중요한 차이점이 존재한다. 개인이 보험을 분석할 때는 대부분 표면적인 접근을 하게 되지만, 전문가들은 훨씬 더 체계적이고 깊이 있는 방식으로 분석을 진행한다.

[개인 vs 전문가 보장분석 비교]

위험 요소	개인 보장분석	전문가 보장분석
접근 방식	표면적인 보장 내용 검토	심층적인 데이터 기반 분석
분석 범위	본인이 가입한 보험만 검토	시장 내 다양한 상품과 비교
객관성	감정적·주관적 판단 개입 가능	철저한 데이터 기반 객관적 분석
사용 도구	보험증권 및 기본 서류	고급 분석 소프트웨어, 통계 모델 활용
최신 트렌드 반영	제한적	보험사의 최신 약관·상품 변화까지 반영
강점	기본 보장 점검 가능	맞춤형 최적 설계 가능
한계	깊이 있는 분석이 어려움	전문가 상담 비용이 발생할 수 있음

전문가 보장분석의 가장 큰 특징은 최신 보험트렌드를 알고 있으며, 단순한 특약 내용이 아니라 보험사별로 적용되는 보험특약의 쓰임새를 알고 있어서 훨씬 광범위하고 세밀한 데이터 분석 능력이다. 전문 보험 분석가들은 수십 가지 보험 상품에 대한 깊은 이해와 함께 복잡한 통계 모델을 활용하여 개인의 보장 상황을 정밀하게 평가한다. 그들은 단순히 보험 약관을 읽는 것을 넘어 각 조항의 숨겨진 의미와 잠재적인 보장 공백을 찾아내는 능력이 뛰어나다.

개인 분석과 전문가 분석의 두 번째 큰 차이점은 객관성이다. 일반인들은 자신의 보험을 분석할 때 감정적이고 주관적인 판단을 하기 쉽다. 반면 전문가들은 철저하게 데이터 기반의 객관적인 접근을 한다. 그들은 개인의 현재 상황, 미래 재정 계획, 건강 상태 등을 종합적으로 고려하여 가장 적절한 보장 방안을 제시한다.

 기술적 측면에서도 전문가들은 고급 분석 도구와 소프트웨어를 활용한다. 복잡한 위험 평가 알고리즘, 시뮬레이션 프로그램, 데이터베이스 등을 통해 개인이 절대 접근할 수 없는 수준의 정밀한 분석을 수행한다. 이러한 도구들은 수많은 변수를 동시에 고려하여 가장 최적화된 보험 설계 방안을 제시할 수 있다.

 전문가들은 또한 보험사의 내부 정보와 최신 트렌드에 대한 깊은 이해를 가지고 있다. 새로운 보험 상품, 최근 변경된 약관, 보험사의 숨겨진 정책 등에 대해 일반인보다 훨씬 더 풍부한 지식을 보유하고 있다. 이러한 전문성은 개인이 혼자서는 절대 얻을 수 없는 통찰력을 제공한다.

 그러나 이것이 개인 분석의 가치를 완전히 부정하는 것은 아니다. 개인 분석은 기본적인 보장 상황을 이해하고 문제점을 파악하는 중요한 첫 단계이다. 전문가 분석에 앞서 스스로 보험을 점검하고 이해하는 과정은 매우 중요하며, 오히려 전문가와의 상담을 더욱 효과적으로 만들 수 있다.

 결론적으로 개인 분석과 전문가 분석은 서로 보완적인 관계라고 할 수 있다. 스스로 기본적인 분석을 수행하고, 이를 바탕으로 전문가의 심층 분석을 받는 것이 가장 이상적인 보장분석 접근 방식이다. 개인의 주도적인 관심과 전문가의 심층 분석이 결합될 때 가장 최적화된 보험 설계가 가능해진다.

Chapter 2.
내 보험 직접 점검하기

　보험을 직접 점검하는 과정은 매우 중요하고 세심한 주의를 요구한다. 개인의 재정적 안전망을 스스로 확인하는 것은 단순한 작업이 아니라 매우 전략적인 접근이 필요한 영역이다. 보험 내역을 점검할 때는 감정에 휩싸이지 말고 객관적이고 논리적인 시각을 유지해야 한다.

　먼저 모든 보험증권을 한자리에 모아야 한다. 서랍 안에 흩어져 있거나 오래된 서류들을 모두 정리해 전체 보험 내역을 한눈에 볼 수 있도록 해야 한다. 이때 보험종류, 가입연도, 보장금액, 월 납입료 등을 정리하는 것이 중요하다. 각 보험상품의 핵심 내용을 표로 만들어 정리하면 더욱 명확하게 파악할 수 있다.

　보험 내역을 점검할 때는 크게 세 가지 측면을 고려해야 한다.첫째, 보장 중복 여부를 확인해야 한다. 동일한 질병이나 상해에 대해 여러 보험에서 중복 가입했는지 꼼꼼히 살펴보아야 한다. 중복 보장은 불필요한 보험료 지출을 야기하기 때문이다. 둘째, 보장 누락 부분을 체크해야 한다. 자신의 연령, 직업, 건강상태에 맞는 중요한 보장이 빠져있지는 않은지 점검해야 한다. 셋째, 현재 보험료와 보장 범위의 적정성을 평가해야 한다.

[보험 점검 체크리스트]

항목	내용	
보험 종류	생명보험, 건강보험, 자동차보험 등 보험 상품 종류	☐
가입 연도	해당 보험에 처음 가입한 연도	☐
보장금액	질병/사고 시 지급되는 보장 금액	☐
월 납입료	매월 납부하는 보험료 금액	☐
중복 보장 여부	동일한 보장이 다른 보험 상품과 중복되는지 여부	☐
보장 누락 여부	중요한 보장이 포함되어 있지 않은지 여부	☐
적정성 평가	현재 보험료와 보장 범위가 적절한지	☐
가족 구성원 고려 여부	가족 구성원 연령, 건강 상태에 맞는 보장이 포함되었는지	☐
약관 이해 여부	주요 약관 내용을 읽고 면책 조항이나 지급 조건을 이해했는지 여부	☐

특히 가족 구성원의 상황도 함께 고려해야 한다. 가족의 연령, 직업, 건강 상태에 따라 필요한 보장이 달라지기 때문이다. 예를 들어 자녀의 성장 단계나 부모의 고령화 등을 종합적으로 판단해야 한다. 이는 단순히 보험 가입 여부를 넘어 실질적인 재정적 안전망을 구축하는 핵심이다.

보험 약관은 복잡하고 어렵게 느껴질 수 있지만, 천천히 꼼꼼히 읽어 보는 것이 중요하다. 특히 보장 범위, 면책 조항, 보험금 지급 조건 등을 면밀히 검토해야 한다. 모르는 용어는 인터넷이나 보험사 고객센터를 통해 확인하는 것이 좋다. 전문 용어를 이해하지 못하면 나중에 큰 혼란을 겪을 수 있기 때문이다.

데이터와 객관적 근거를 바탕으로 점검해야 한다. 감정이나 과거 경험에 의존하기보다는 현재의 상황을 정확히 분석하고 판단해야 한다. 필요하다면 보험 설계사나 재무 컨설턴트와 상담을 통해 전문적인 조언을 들을 수 있다. 하지만 최종 결정은 스스로 내려야 한다는 점을 명심해야 한다.

보험 점검은 일회성 작업이 아니라 지속적으로 이루어져야 할 중요한 재무 관리 활동이다. 최소 연 1-2회 정도는 자신의 보험 포트폴리오를 점검하고 필요하다면 조정해야 한다. 사회경제적 환경, 개인의 생활 여건, 건강 상태 등은 끊임없이 변화하기 때문이다.

보장 내역 확인: 중복·누락 보장 찾기

보험 내역을 체계적으로 확인하는 과정은 매우 중요한 재무 관리 전략이다. 개인이 가입한 다양한 보험 상품들 사이에 존재할 수 있는 중복 보장과 누락된 보장을 정확히 파악하는 것은 효율적인 보험 설계의 핵심이다. 이를 위해서는 면밀하고 체계적인 접근 방식이 필요하다.
먼저 자신이 보유한 모든 보험 증권을 한자리에 모아야 한다. 생명보험, 손해보험, 상해보험 등 모든 종류의 보험 계약서를 수집하고 정리해야 한다. 이때 최근 3~5년 내의 보험 증권을 중심으로 확인하는 것이 중요하다. 오래된 보험 상품의 경우 현재 상황과 맞지 않을 수 있기 때문이다.
중복 보장을 확인하는 핵심 포인트는 보장 내용과 보험금 지급 조건을 꼼꼼히 비교하는 것이다. 예를 들어 질병으로 인한 수술비 보장이 여러 보험 상품에 중복되어 있는지 확인해야 한다. 불필요한 중복 보장은 과도한 보험료 지출로 이어질 수 있으므로 주의깊게 살펴봐야 한다.

[보험 보장 내역 체크리스트]

보험 종류	생명보험, 손해보험, 상해보험 등	☐
보장 항목	질병, 상해, 사망, 소득 상실, 기타	☐
보험금 지급 조건	지급 조건 (예: 입원, 수술, 진단 등)	☐
면책 사항	해당 보험에서 보장하지 않는 항목	☐
보장 중복 여부	동일한 항목이 다른 보험과 중복되는지 여부	☐
보장 누락 여부	필요한 보장이 빠져 있는지 여부	☐
월 납입료	보험료 금액	☐
적정성 평가	보장 범위와 보험료가 현재 상황에 적절한지	☐

누락된 보장을 찾기 위해서는 개인과 가족의 현재 생활 환경과 위험 요소를 종합적으로 분석해야 한다. 직업, 나이, 건강 상태, 가족 구성원의 특성 등을 고려하여 부족한 보장 영역이 있는지 점검해야 한다. 특히 갑작스러운 소득 상실, 중대 질병, 상해 등에 대비할 수 있는 보장이 충분한지 확인해야 한다.

보험사에서 제공하는 보장 내역서를 단순히 훑어보는 것으로는 부족하다. 각 보험 약관의 세부 내용을 꼼꼼히 읽고 비교 분석해야 한다. 보험금 지급 조건, 면책 사항, 보장 범위 등을 상세히 확인하는 것이 중요하다. 복잡해 보이더라도 집중해서 살펴보는 자세가 필요하다.

엑셀의 스프레드시트를 활용하면 보험 내역을 더욱 체계적으로 관리할 수 있다. 각 보험 상품의 보장 내용, 보험료, 보장 범위 등을 표로 정리하면 중복과 누락을 한눈에 파악할 수 있다. 디지털 도구를 적극적으로 활용하는 것도 효과적인 보장 분석 방법이다.

보험 내역 확인은 일회성 작업이 아니라 지속적으로 관리해야 하는 과정이다. 최소 연 1회 정기적으로 보유한 보험을 점검하고 필요에 따라 조정해야 한다. 개인의 삶의 변화에 따라 보험 요구사항도 계속 변하기 때문이다.

보험증권·약관 간단 정독법

보험증권과 약관을 제대로 이해하는 것은 매우 중요한 재무 관리 능력이다. 대부분의 사람들은 이러한 문서들을 복잡하고 지루하다고 생각해서 대충 넘기곤 한다. 하지만 이는 매우 위험한 태도이며, 나중에 심각한 재정적 손실로 이어질 수 있다.

보험증권을 읽을 때는 먼저 문서의 전체적인 구조를 파악해야 한다.

[보험 보장 내역 체크리스트]

항목	내용	
보장 범위	보장 내용이 자신의 상황과 맞는지 확인 (예: 특정 질병, 사고 보장 여부)	☐
제한 조건	보장 제외 항목 또는 면책 사항을 확인 (예: 특정 연령, 특정 상황 제외 여부)	☐
보험금 지급 조건	보험금이 지급되는 정확한 조건을 파악 (예: 입원, 수술, 진단 등 지급 요건)	☐
계약 취소 조건	계약 취소 및 해지 관련 조항 확인 (예: 위약금, 해지 절차)	☐
월 납입료	월 납입 보험료가 적정한지 확인	☐
전문 용어 이해 여부	약관 내 모르는 용어를 모두 이해했는지 확인	☐

월 납입료	월 납입 보험료가 적정한지 확인	☐
전문 용어 이해 여부	약관 내 모르는 용어를 모두 이해했는지 확인	☐
문서 주요 내용 표시 여부	형광펜 또는 메모를 활용해 주요 내용을 정리했는지 확인	☐
문의 완료 여부	이해되지 않는 부분을 보험사나 전문가에게 확인했는지	☐

일반적으로 보험증권은 크게 보장 내용, 보험료, 계약 조건 등으로 구성된다. 각 섹션을 주의 깊게 살펴보면서 자신의 상황과 얼마나 잘 맞는지 체크해야 한다. 특히 보장 범위와 제한 조건에 집중해서 봐야 한다.

약관을 읽을 때는 전문용어에 주목해야 한다. 법률적 용어들이 많기 때문에 처음에는 이해하기 어려울 수 있다. 이럴 때는 모르는 단어가 있으면 즉시 찾아보거나 보험사 고객센터에 문의하는 것이 좋다. 특히 보험금 지급 조건, 면책 사항, 계약 취소 조건 등은 꼼꼼히 체크해야 한다.

보험증권과 약관을 읽을 때 추천하는 방법은 다음과 같다. 첫째, 조용하고 집중할 수 있는 환경에서 읽어야 한다. 둘째, 형광펜이나 형광 표시를 활용해 중요한 내용에 표시를 해두면 나중에 다시 볼 때 도움이 된다. 셋째, 이해되지 않는 부분은 주저하지 말고 전문가나 보험사에 물어봐야 한다.

실제로 많은 사람들이 보험증권의 세부 내용을 제대로 읽지 않아 큰 낭패를 본 사례들이 많다. 예를 들어, 특정 질병에 대한 보장이 제한적이거나, 특정 상황에서 보험금 지급이 되지 않는 경우가 있다.

따라서 계약 체결 후에도 주기적으로 문서를 다시 검토하는 습관을 들이는 것이 중요하다.

 디테일한 이해를 위해서는 보험 전문 용어사전이나 온라인 자료를 참고하는 것도 좋은 방법이다. 최근에는 많은 보험사에서 약관을 쉽게 설명하는 영상이나 자료를 제공하고 있으니 이런 리소스들을 적극적으로 활용하는 것이 도움될 것이다.

 결론적으로, 보험증권과 약관을 제대로 이해하는 것은 단순한 문서 읽기가 아니라 자신의 재정적 안전을 지키는 중요한 행위다. 시간을 들여 꼼꼼히 읽고, 이해하지 못하는 부분은 주저하지 말고 물어봐야 한다. 이러한 작은 노력이 나중에 큰 재정적 보호로 돌아올 것이다.

가족 전체 보험 분석하는 팁

 가족의 보험을 효과적으로 분석하기 위해서는 개인별 보장 상황을 종합적으로 살펴보는 것이 중요하다. 단순히 개인의 보험을 따로따로 점검하는 것이 아니라 가족 구성원 전체의 보험을 연계하여 분석해야 한다. 이를 통해 중복된 보장을 발견하고 누락된 부분을 찾아낼 수 있다.

 먼저 가족 구성원 각자의 보험증권을 모두 모아 한 자리에 펼쳐놓고 분석해야 한다. 부부, 자녀, 부모 등 가족 구성원 전체의 보험 내역을 종합적으로 검토하면 보다 정확한 분석이 가능하다. 이때 보험 종류, 보장 범위, 보험료, 가입 시기 등을 상세히 비교해야 한다.

[가족 보험 분석 매트릭스 구성]

가족 구성원	보험 종류	보장 범위	월 납입료	중복 여부	누락 여부
부모님(아버지)	건강보험	암, 뇌졸중, 심장질환	50,000원	X	V
부모님(어머니)	건강보험	암, 뇌졸중	45,000원	V	X
부부(남편)	생명보험	사망, 장애	60,000원	X	V
부부(아내)	손해보험	상해, 질병	55,000원	X	X
자녀(첫째)	학습보험/의료보험	질병, 상해, 입원비	35,000원	V	X
자녀(둘째)	학습보험/의료보험	질병, 상해	30,000원	X	V

특히 중요한 것은 가족 구성원 간 보장의 중복과 누락을 확인하는 것이다. 예를 들어 부부가 각각 비슷한 보장을 가진 보험에 가입되어 있다면 불필요한 중복 보험료를 지불하고 있을 가능성이 높다. 반대로 가족 중 누군가의 보장이 부족한 영역이 있는지도 꼼꼼히 점검해야 한다.

 연령대별로도 보험 분석 접근 방식이 달라져야 한다. 영유아, 아동, 청소년, 성인, 노년층 각각에게 필요한 보장이 다르기 때문이다. 예를 들어 어린 자녀의 경우 질병 보장에, 성인의 경우 사망 및 장애 보장에, 노년층의 경우 건강 및 간병 보장에 초점을 맞춰야 한다.

 가족의 수입과 재정 상황도 중요한 분석 요소이다. 주 소득원의 소득 수준, 가족의 부채 상황, 월 지출 규모 등을 종합적으로 고려해야 한다. 이를 통해 가족에게 실제로 필요한 보장 수준을 정확히 파악할 수 있다.

 보험사에서 제공하는 가족 할인이나 패키지 상품도 적극적으로 검토해볼 필요가 있다. 일부 보험사에서는 가족 구성원이 함께 가입할 경우 보험료를 할인해주거나 특별한 혜택을 제공하기도 한다. 이러한 옵션들을 잘 활용하면 보장의 질을 높이면서 보험료는 절감할 수 있다.

가족 보험 분석 시 정기적인 점검이 핵심이다. 매년 혹은 6개월마다 한 번씩 가족 전체의 보험을 다시 점검하고 필요에 따라 조정해야 한다. 가족의 생활 환경, 소득 상황, 건강 상태 등은 끊임없이 변화하기 때문에 보험도 그에 맞춰 유연하게 대응해야 한다.

 마지막으로 전문가와 상담하는 것도 좋은 방법이다. 혼자서 분석하기 어려운 부분은 보험 설계사나 재무설계사와 상담하여 객관적인 조언을 들어보는 것이 도움될 수 있다. 다만 무조건 전문가의 말만 믿기보다는 스스로도 적극적으로 분석하고 이해하는 자세가 중요하다.

Chapter 3.
잘못된 보험 내용 바로잡기

보험은 복잡하고 다양한 약관과 조건으로 이루어져 있어 많은 사람들이 자신의 보험 내용을 정확히 이해하지 못하는 경우가 많다. 특히 CI보험과 2대질환진단비와 같은 특수한 보험 상품은 소비자들에게 혼란을 줄 수 있는 대표적인 영역이다. 이러한 혼란은 단순히 보험 이해도의 문제가 아니라 실제 보장받지 못할 수 있는 심각한 리스크로 이어질 수 있다.

CI보험의 경우 많은 소비자들이 오해하고 있는 부분이 있다. 대부분의 사람들은 CI보험이 모든 중증질환을 보장할 것이라고 생각하지만, 실제로는 보험사마다 보장하는 질환의 범위와 기준이 다르다. 예를 들어, 어떤 보험사는 특정 암 단계만 보장하거나, 특정 질병의 중증도에 따라 보장 여부를 결정한다. 따라서 자신의 CI보험이 정확히 어떤 질병을 얼마나 보장하는지 꼼꼼히 확인해야 한다.

2대질환진단비 역시 비슷한 맥락이다. 이 보험은 뇌졸중과 심근경색을 주로 보장하지만, 각 보험사마다 진단 기준과 보장 범위가 상이하다. 단순히 질병만 진단받았다고 해서 무조건 보험금을 받을 수 있는 것은 아니며, 의학적 진단 기준과 보험사의 세부 약관을 면밀히 검토해야 한다.

이러한 잘못된 보험 내용을 바로잡기 위해서는 체계적인 점검 프로세스가 필요하다. 3단계 공백 보장 체크 방법을 활용하면 자신의 보험 내용을 더욱 정확히 이해하고 개선할 수 있다.

[3단계 공백 보장 체크 프로세스]

보험 증권 수집	보장 범위 분석	보험 리모델링
현재 보유한 모든 보험 증권과 약관을 모으고 정리한다. 가족 구성원의 보험까지 포함한다.	각 보험의 보장 항목, 금액, 면책 조건 등을 분석하며, 중복 및 누락된 보장을 점검한다.	문제점을 바탕으로 불필요한 보험을 정리하고 부족한 보장을 추가하거나 조정한다.

첫 번째 단계는 현재 보유하고 있는 모든 보험 증권을 수집하는 것이다. 가족 구성원의 보험까지 포함하여 종합적으로 점검해야 한다. 이때 보험증권뿐만 아니라 상세 약관도 함께 확인해야 한다.

두 번째 단계는 각 보험의 보장 범위를 세밀하게 분석하는 것이다. 보장 항목, 보장 금액, 면책 조건 등을 꼼꼼히 살펴보아야 한다. 특히 중복된 보장이 있는지, 혹은 중요한 보장이 누락되어 있는지 집중적으로 점검해야 한다.

마지막 단계는 발견된 문제점을 바탕으로 보험을 리모델링하는 것이다. 불필요한 보장은 정리하고, 부족한 부분은 추가로 가입하거나 기존 보험을 조정해야 한다. 이 과정에서는 전문가의 조언을 구하는 것도 좋은 방법이다.

보험 리모델링을 미루거나 그대로 방치할 경우 심각한 재정적 위험에 노출될 수 있다. 예를 들어, 보장 범위가 좁거나 중복된 보험은 불필요한 보험료 지출로 이어질 수 있으며, 공백 보장은 만약의 사태에 대비하지 못하게 만든다.

오해하기 쉬운 CI보험과 2대질환진단비

CI보험과 2대질환 진단비는 많은 사람들이 혼동하고 오해하는 영역이다. 이러한 보험 상품들은 복잡한 구조와 다양한 조건들로 인해 소비자들이 제대로 이해하지 못하는 경우가 많았다. 특히 보험 설계사들조차도 때로는 정확히 설명하지 못하는 부분이 존재했다.

먼저 CI보험의 본질적 특성을 이해해야 한다. CI보험은 중대한 질병으로 진단받았을 때 일정 금액을 지급하는 보장성 보험이다. 암, 뇌졸중, 심근경색 등 생명을 위협하는 심각한 질병에 대해 진단 즉시 보험금을 지급한다. 그러나 많은 사람들이 이를 단순히 진단비 보험으로만 생각하는 큰 오해를 범한다.

2대질환 진단비 역시 비슷하지만 약간 다른 특성을 가진다. 이는 주로 두 가지 중대 질환에 대해 집중적으로 보장하는 상품이다. 하지만 대부분의 소비자들은 이 상품의 세부적인 보장 범위와 조건을 정확히 이해하지 못한다. 예를 들어, 어떤 질병이 정확히 포함되는지, 어떤 조건에서 보험금이 지급되는지에 대해 명확히 알지 못하는 경우가 많다.

CI보험과 2대질환 진단비 상품의 가장 큰 차이점은 보장 범위와 지급 조건에 있다.

[CI보험 vs 2대질환진단비 비교]

항목	CI보험	2대질환진단비
보장 질병	암, 뇌졸중, 심근경색 등 중대한 질병(보험사에 따라 상이)	뇌졸중, 심근경색 (주로 2가지 질환에 집중)
보장 조건	중대한 질병 진단 시 지급(단, 특정 중증 단계에 한정되는 경우가 많음)	진단 조건 및 보험사 기준 충족 시 지급
보장 범위	상대적으로 광범위 (다양한 중증 질병 포함)	상대적으로 좁음 (2가지 질환 중심)
면책 조건	병력, 특정 조건에 따라 보장 제외 가능	특정 진단 기준 미충족 시 보장 제외 가능
보험료	보장이 광범위해 보험료가 다소 높을 수 있음	보장이 제한적이라 보험료가 비교적 낮을 수 있음
적합한 대상	광범위한 중증 질병 보장을 원하는 사람	뇌졸중과 심근경색 위험이 높은 사람

CI보험은 더 광범위한 질병을 포함하며, 2대질환 진단비는 특정 질환에 더 집중한다. 이러한 미묘한 차이를 이해하지 못하면 소비자는 자신에게 적합한 보험 상품을 선택하기 어렵다.

또한 많은 사람들이 간과하는 중요한 점은 이러한 보험의 면책 조건이다. 모든 CI보험과 2대질환 진단비 상품에는 특정 조건에서 보험금 지급을 제한하는 조항들이 존재한다. 예를 들어, 특정 병력이나 고위험 요인이 있는 경우 보장이 제한되거나 보험료가 크게 달라질 수 있다.

소비자들이 가장 흔히 범하는 실수는 보험 약관을 제대로 읽지 않는 것이다. 복잡한 문구와 전문 용어로 인해 대부분의 사람들은 약관을 대충 훑어보거나 아예 읽지 않는다. 이는 향후 보험금 청구 시 예상치 못한 문제를 야기할 수 있다.

결론적으로, CI보험과 2대질환 진단비는 매우 중요한 재정적 안전망이지만, 그 특성과 조건을 정확히 이해해야만 제대로 활용할 수 있다. 소비자 스스로 약관을 꼼꼼히 읽고, 전문가와 상담하며, 자신의 건강 상태와 필요에 맞는 상품을 선택해야 한다. 맹목적인 가입이 아니라 철저한 이해를 바탕으로 한 선택이 중요하다.

'공백 보장' 체크: 3단계 점검 프로세스

공백 보장은 보험에서 가장 위험한 맹점 중 하나다. 많은 사람들이 자신의 보험 계약을 세밀하게 점검하지 않아 중요한 보장 영역에서 예기치 못한 위험에 노출될 수 있다. 따라서 체계적인 점검 프로세스를 통해 이러한 위험을 사전에 방지해야 한다.

첫 번째 단계는 현재 보유하고 있는 모든 보험 계약서를 종합적으로 검토하는 것이다. 각 보험 상품의 보장 범위와 한도를 꼼꼼히 확인해야 한다. 이는 단순히 문서를 훑어보는 것이 아니라, 세부 내용까지 깊이 있게 분석해야 함을 의미한다. 예를 들어 질병, 사고, 장애 등 다양한 상황에 대해 실제로 어떤 보장이 적용되는지 구체적으로 파악해야 한다.

두 번째 단계는 개인과 가족의 현재 생활 환경과 잠재적 위험을 종합적으로 평가하는 것이다. 직업, 나이, 건강 상태, 가족 구성원의 특성 등을 고려하여 기존 보험이 실제 필요한 보장을 충분히 커버하는지 점검해야 한다. 예를 들어 직장인이라면 소득 상실에 대비한 보장, 부모라면 자녀 교육비 및 양육 관련 리스크 등을 체계적으로 분석해야 한다.

마지막 세 번째 단계는 식별된 공백을 구체적인 보험 상품으로 메우는 것이다. 이 과정에서는 기존 보험과 중복되지 않으면서도 필요한 보장을 제공하는 상품을 신중하게 선택해야 한다. 단순히 보험료가 저렴하다고 가입하기보다는 실제 보장 내용과 본인의 상황을 면밀히 비교 분석해야 한다.

공백 보장 점검은 일회성 작업이 아니라 지속적으로 관리해야 할 과정이다.

[공백 보장 점검 3단계 프로세스]

현재 보험 계약 검토	현재 생활 환경과 위험 평가	공백 메우기
현재 보유한 보험 계약서를 수집하여, 각 상품의 보장 범위와 한도를 검토한다. 질병, 사고, 장애 등에 대해 실제 적용되는 보장을 파악한다.	개인과 가족의 상황을 분석하여 보험이 실제 필요한 보장을 충족하는지 점검한다. 직업, 나이, 건강 상태, 가족 구성원 등의 리스크 요인을 고려한다.	식별된 공백을 충족하기 위해 기존 보험과 중복되지 않는 상품을 신중히 선택한다. 보장 내용과 본인 상황을 면밀히 비교 분석한다.

인생의 주요 변화 시점마다 보험을 재점검하고 조정하는 습관을 기르는 것이 중요하다. 결혼, 출산, 경력 변경, 부모 부양 등 삶의 중요한 전환점에서 보험 보장을 재평가해야 한다.

이러한 체계적인 접근은 단순히 보험 상품을 구매하는 것을 넘어 진정한 재무적 안전망을 구축하는 핵심 방법이다. 자신과 가족의 미래를 위협할 수 있는 잠재적 위험을 사전에 차단하고, 예기치 못한 상황에서도 안정적인 대응이 가능하도록 만드는 것이 공백 보장 점검의 궁극적인 목표다.

리모델링의 중요성: 그대로 두면 생길 수 있는 문제들

보험은 마치 살아있는 유기체와 같아서 지속적인 관리와 점검이 필요하다. 생활환경과 개인의 상황이 변화함에 따라 기존의 보험 설계도 그에 맞게 조정되어야 한다. 그렇지 않으면 불필요한 리스크와 재정적 손실이 발생할 수 있다.

첫째, 보험을 그대로 방치하면 중복 보장의 문제가 심각해질 수 있다. 다양한 보험 상품을 무분별하게 가입하다 보면 같은 종류의 보장을 중복해서 가입하게 된다. 이는 불필요한 보험료 지출로 이어지며, 실제 보장의 효율성은 오히려 떨어뜨린다. 예를 들어, 암 진단비 보험을 여러 개 가입했다면 보험료만 높아질 뿐 실질적인 보장 범위는 크게 달라지지 않는다.

둘째, 생애주기에 따른 보장 변화를 고려하지 않으면 심각한 보장 공백이 발생할 수 있다. 결혼, 출산, 자녀 성장, 은퇴 등 인생의 중요한 전환점마다 보험 설계를 재점검해야 한다. 예를 들어, 자녀가 성장하여 경제적으로 독립했다면 기존의 자녀 관련 보장은 불필요해질 수 있다. 반대로 새로운 보장이 필요한 상황이 생길 수도 있다.

셋째, 보험 약관과 상품은 끊임없이 변화한다. 최신 트렌드와 보험 상품의 발전을 반영하지 않으면 더 나은 조건의 보장을 놓칠 수 있다. 보험사들은 지속적으로 새로운 상품을 출시하고 기존 상품의 조건을 개선한다. 따라서 정기적인 리모델링을 통해 더 유리한 조건의 보험으로 전환할 기회를 찾아야 한다.

넷째, 재정적 부담의 측면에서도 보험 리모델링은 중요하다. 보험료가 가계 경제에 부담이 되는 상황이 발생할 수 있다. 이때 보장 범위를 조정하거나 더 저렴한 대안을 찾아 전체적인 보험료 부담을 줄일 수 있다. 단순히 보험료를 줄이는 것이 아니라, 효율적인 보장 설계를 통해 최적의 균형을 찾아야 한다.

마지막으로, 건강 상태와 직업, 생활 환경의 변화는 보험 설계에 직접적인 영향을 미친다. 건강 상태가 좋아지거나 나빠질 수 있고, 직업이 바뀌거나 소득 수준이 변할 수 있다. 이러한 변화에 맞춰 보험 설계를 유연하게 조정하지 않으면 최적의 보장을 받지 못할 위험이 있다.

결론적으로, 보험 리모델링은 단순한 선택이 아니라 필수적인 재무 관리 전략이다. 정기적인 점검과 조정을 통해 더 나은 보장, 더 효율적인 보험료 지출, 그리고 변화하는 삶의 상황에 맞는 최적의 보험 설계를 만들어갈 수 있다.

[보험 리모델링 필요성 진단]

중복 보장 여부	동일한 보장을 중복으로 가입하여 불필요한 보험료를 내고 있는가?	☐
보장 공백 여부	생애주기 변화에 따라 필요한 보장이 부족한가?	☐
보험료 부담 여부	현재 납입 중인 보험료가 가계에 부담을 주고 있는가?	☐
최신 보험 상품 확인 여부	더 나은 조건의 보험 상품이 출시되었지만 이를 확인하지 않았는가?	☐
건강·직업 변화 반영 여부	건강 상태나 직업이 변화했지만 보험 설계를 조정하지 않았는가?	☐

Chapter 4.
제대로 된 보험 설계(보험트렌드)

보험 설계는 개인의 재정적 안전망을 구축하는 매우 중요한 과정이다. 단순히 보험에 가입하는 것을 넘어 자신의 삶의 위험을 정확하게 분석하고 그에 맞는 맞춤형 보장을 설계하는 것이 핵심이다. 효과적인 보험 설계를 위해서는 현재의 재정 상황, 가족 구성원의 특성, 미래 계획 등을 종합적으로 고려해야 한다.

먼저 개인의 연령과 직업, 건강 상태에 따라 보험 설계의 방향이 달라진다. 예를 들어 20대 직장인과 40대 자영업자의 보험 설계는 완전히 다른 접근법이 필요하다. 젊은 직장인의 경우 장기적인 질병과 사고에 대비한 보장을 중심으로, 자영업자는 소득 상실에 대비한 보장을 더욱 강화해야 한다.

수술비 보장의 경우 단순히 금액만 보는 것이 아니라 보장 범위와 세부 조건을 꼼꼼히 확인해야 한다. 1종 수술비는 각각 다른 보장 범위와 기준을 가지고 있어 이를 정확히 이해하는 것이 중요하다. 예를 들어 예전 생명보험에서는 1-3종수술비가 판매되었으며, 최근에는 1-5종 수술비 뿐만 아니라 1-8종, 1-9종 수술비 등 다양한 종수술비가 판매되고 있다.

연금보험 설계에서는 경험생명표를 적극적으로 활용해야 한다. 경험생명표는 연령대별 평균 기대수명과 생존율을 보여주는 통계자료로, 개인에게 가장 적합한 연금 상품을 선택하는 데 결정적인 역할을 한다. 단순히 높은 수익률만 보는 것이 아니라 자신의 예상 은퇴 시기와 생존 기간을 고려해 설계해야 한다.

치료비 보험은 진단비 위주의 보험상품에 최신 비급여 치료 트렌드에 맞춘 보험특약이다. 해당 특약은 다양한 치료비를 보장하지만 대표적으로 3대 주요 질환인 암, 뇌혈관, 심장질환에 대한 치료비가 대표적이다.

이전에 가입한 보험이 좋았다 하더라도 시대 흐름에 맞춰서 보험 설계는 다시 점검할 필요가 있다. 다시말해 보장분석은 일회성 작업이 아니라 지속적인 관리가 필요하다. 개인의 생애주기, 가족 상황, 경제적 환경 변화에 따라 주기적으로 보험을 점검하고 리모델링해야 한다. 짧게는 1년, 길게는 5년마다 한 번씩 자신의 보험 포트폴리오를 전면 재검토하는 습관을 들이는 것이 좋다. 결국 제대로 된 보험 설계의 핵심은 자신의 삶과 위험을 정확하게 이해하고, 그에 맞는 맞춤형 보장을 구축하는 것이다. 보험은 단순한 상품이 아니라 인생의 안전판이며, 현명한 설계를 통해 재정적 위험으로부터 자신과 가족을 보호할 수 있다.

[연령 및 직업별 맞춤형 보험 설계]

연령/직업	필수 보장 항목	주요 고려 요소
20대/직장인	실손보험, 암보험, 상해보험	저렴한 보험료, 장기 유지 가능성
30대/가장	종신보험, 소득보장보험, 실손보험	가족 부양 고려, 사망 및 소득 보장 강화
40대/자영업자	소득 상실 보장, 후유장애 보험, 건강보험	안정적 소득 대비, 장기적인 질병 대비 필요
50대 이상	연금보험, 간병보험, 건강보험	노후 대비, 의료비 증가 대비

수술비보험: 보장 범위 이해하기

 현대 의료 기술의 발전과 의료비 증가로 인해 수술비 보장의 중요성이 높아지고 있다. 이에 따라 수술비 보험은 질병이나 상해로 인한 다양한 수술에 대한 경제적 대비책으로서 중요한 역할을 하고 있다. 특히 종수술비 보험은 수술의 종류를 체계적으로 분류하여 보장하는 방식으로, 각 종별로 차등화된 보장을 제공한다.
 가장 기본적인 형태인 1-5종 수술비 보험은 수술을 난이도에 따라 5단계로 구분한다.

[종수술비 보험의 단계별 보장 구조]

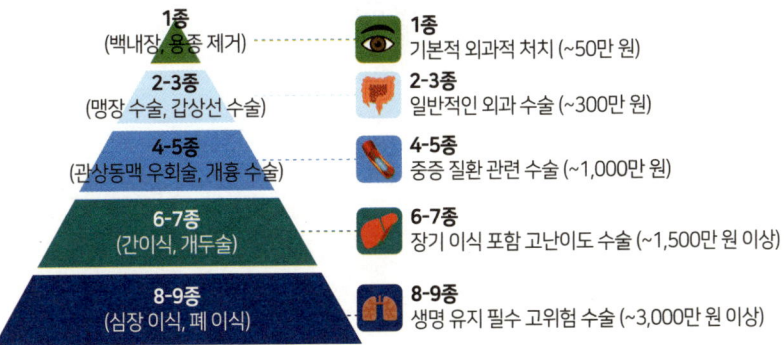

1종은 백내장 수술과 같은 간단한 외과적 처치를 포함하며 약 20만 원을 보장하고, 5종은 개흉 수술과 같은 고난도 수술을 포함하여 약 1,000만 원까지 보장한다. 이는 경증부터 중증 수술까지 폭넓은 보장을 제공하면서도 비교적 저렴한 보험료가 장점이다. 최근에는 의료 기술의 발전을 반영하여 1-7종, 1-8종, 1-9종 수술비 보험이 출시되었다. 이러한 상품들은 기존보다 더욱 세분화된 보장을 제공하며, 용종 제거와 같은 간단한 시술부터 심장 이식과 같은 고난도 수술까지 포함한다. 특히 종이 높아질수록 수천만 원 이상의 고액 보장을 제공하기도 한다. 다만 일부 비급여 항목이나 미용 목적의 시술은 보장에서 제외될 수 있어 약관 확인이 필수적이다.

질병 및 상해 수술비는 종수술비와는 다른 방식으로 운영된다. 수술의 난이도와 관계없이 모든 질병이나 상해에 대해 일정 금액을 보장하는 구조로, 보장 범위는 더 넓지만 보장 금액은 상대적으로 적은 특징이 있다.

종수술비 보험 선택 시에는 보험사별 약관의 비급여 항목이나 제외 조건을 꼼꼼히 확인하고, 미래에 발생할 수 있는 질환과 수술 위험을 평가하여 가입을 결정해야 한다. 전문가와의 상담을 통해 자신에게 적합한 상품을 선택하는 것도 중요하다.

경험생명표 활용한 연금보험 설계

연금보험 설계에 있어 경험생명표는 매우 중요한 핵심 도구이다. 경험생명표는 보험사가 실제 통계를 바탕으로 만든 생존율과 사망률에 대한 데이터로, 연금보험의 설계와 가격 책정에 결정적인 역할을 한다. 이 표는 단순한 숫자의 나열이 아니라 인구의 생존 확률과 기대수명을 정확하게 보여주는 중요한 과학적 자료이다.

[연금보험 설계 과정에서 경험생명표의 역할 흐름]

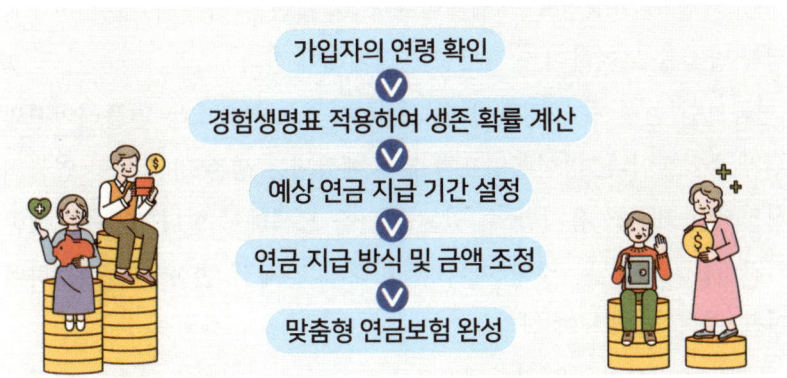

경험생명표를 분석할 때는 연금가입시기별 연령대별 생존율에 주목해야 한다. 예를 들어, 특정 연령대의 생존율이 높다면 이는 연금보험 설계 시 더 긴 기간의 연금 지급을 고려할 수 있음을 의미한다. 또한 성별, 직업군, 건강 상태 등 다양한 요인에 따라 생존율이 달라지기 때문에 개인의 특성을 세밀하게 반영해야 한다.

연금보험은 가입시점의 경험생명표를 적용하기 때문에 언제 해당 연금보험을 가입했는지가 매우 중요한 부분이다.

연금보험 설계 시 경험생명표는 월별 연금액, 연금 수령 기간, 그리고 보험료 책정의 핵심 근거가 된다. 단순히 평균 기대수명만을 고려하는 것이 아니라, 개인의 구체적인 생존 확률과 리스크를 종합적으로 분석해야 한다. 예를 들어 40세 남성의 경우 평균적으로 85세까지 생존할 확률, 90세까지 생존할 확률 등을 세밀하게 계산하여 연금보험을 설계해야 한다.

 연금보험 설계에서 가장 중요한 포인트는 바로 개인의 생존 리스크를 정확하게 예측하는 것이다. 경험생명표는 단순한 통계 자료가 아니라 미래의 재정 계획을 결정짓는 중요한 참고 자료이다. 따라서 보험사는 매년 최신 경험생명표를 업데이트하고, 개인은 자신의 건강 상태와 생활 방식을 고려하여 연금보험을 설계해야 한다.

 연금보험 설계 시 고려해야 할 또 다른 중요한 요소는 인플레이션과 투자 수익률이다. 경험생명표를 통해 예상되는 생존 기간 동안 연금의 실질적인 가치를 유지할 수 있는 방안을 모색해야 한다. 단순히 생존 기간만을 고려하는 것이 아니라, 미래의 경제적 변화까지 예측하여 연금보험을 설계해야 한다.

 생명보험 전문가들은 경험생명표를 활용하여 개인별로 맞춤형 연금보험 설계를 제안한다. 건강 상태, 가족력, 직업, 생활 습관 등 다양한 요소를 종합적으로 고려하여 가장 적합한 연금보험 상품을 추천한다. 이는 단순한 통계적 접근을 넘어 개인의 구체적인 상황을 반영한 맞춤형 설계를 의미한다.

초고령사회와 간병보험의 필요성

초고령사회는 65세 이상 인구가 전체의 20%를 초과하는 사회를 의미하는데, 한국은 2025년에 공식적으로 초고령사회에 진입할 예정이다. 현재 65세 이상 인구는 이미 1,000만 명을 넘어섰으며, 이러한 급격한 고령화는 다양한 사회적, 경제적 변화를 가져오고 있다. 한국은 세계에서 유례없이 빠른 속도로 고령화가 진행되고 있어, 일본이나 유럽 국가들보다도 더 심각한 사회적 도전에 직면하고 있다. 이러한 급격한 고령화는 의료비 증가, 노인 빈곤, 노동력 감소 등 다양한 사회 문제를 초래하고 있으며, 특히 간병 문제는 개인과 가족, 그리고 사회 전체에 큰 부담으로 작용하고 있다.

초고령사회의 가장 큰 특징 중 하나는 '유병장수' 현상이다. 의학기술의 발달로 평균 수명은 증가했지만, 치매, 암, 뇌졸중, 파킨슨병, 관절염 등 만성질환의 발생률도 함께 높아지고 있다.

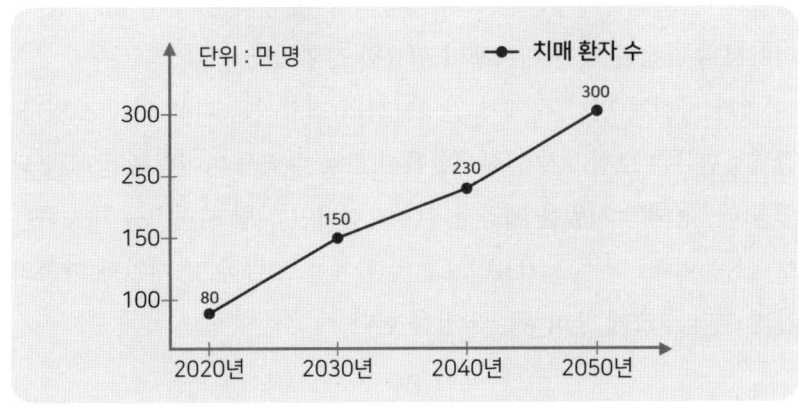

[치매 환자 수 증가 추이 및 예측]

특히 치매 환자 수는 지속적으로 증가하고 있으며, 현재 약 80만 명에서 2050년에는 300만 명을 넘어설 것으로 예상된다. 이에 따른 치매 관리비용도 국가 GDP의 상당 부분을 차지할 정도로 급격히 상승하고 있다.

또한 가족 구조의 변화도 초고령사회의 중요한 특징이다. 핵가족화와 1인 가구 증가로 인해 가족 간 간병 지원 체계가 약화되면서, 노인들이 스스로 간병을 대비해야 하는 상황이 늘어나고 있다. 과거에는 자녀들이 부모를 모시고 살면서 간병을 제공했지만, 현대 사회에서는 맞벌이 부부가 증가하고 자녀들은 독립적인 생활을 영위하면서 가족에 의한 간병이 점점 어려워지고 있다. 이로 인해 노인들은 스스로의 간병 문제를 해결해야 하는 상황에 직면하게 되었다.

초고령사회에서 간병 문제는 단순히 개인적인 문제가 아니라 사회적 차원의 문제로 확대되고 있다. 국가에서도 이러한 문제를 인식하고 2008년에 장기요양보험제도를 도입했지만, 이 제도만으로는 고령자들의 간병 수요를 충족시키기에 역부족이다. 장기요양보험은 등급 판정을 받은 노인들에게만 혜택이 제공되며, 제공되는 서비스도 제한적이어서 추가적인 개인 대비책이 필요한 상황이다.

이러한 사회적 변화 속에서 간병보험의 필요성은 더욱 커지고 있다. 간병보험은 피보험자가 일상생활을 스스로 수행하기 어려운 상태가 되었을 때, 경제적 지원을 제공하거나 직접적인 간병 서비스를 제공하는 보험상품이다. 이는 장기요양보험의 한계를 보완하고, 개인과 가족의 간병 부담을 크게 줄여주는 역할을 한다.

간병보험은 예측 불가능한 상황에 대한 대비책이 된다. 갑작스러운 뇌졸중이나 사고로 인한 장애, 치매 등으로 일상생활이 불가능해질 경우, 준비된 간병보험은 경제적 부담 없이 필요한 서비스를 받을 수 있게 해준다. 특히 젊은 시절부터 간병보험에 가입해 둔다면, 상대적으로 낮은 보험료로 높은 보장을 받을 수 있어 경제적 효율성도 높다.

또한 간병보험은 가족 구성원들의 삶의 질도 보호해준다. 간병은 간병인 자신의 신체적, 정신적 건강에도 큰 영향을 미치며, 직장 생활과 사회활동에도 제약을 가져온다. 간병보험을 통해 전문적인 간병 서비스를 받을 수 있다면, 가족 구성원들은 자신의 삶을 유지하면서도 도덕적 의무감에서 자유로워질 수 있다.

간병보험의 핵심 특약들

간병보험의 핵심 특약으로는 간병인지원특약, 간호간병통합서비스특약, 재가급여지원특약 등이 있다. 이러한 특약들은 각기 다른 상황과 필요에 맞춰 선택할 수 있어, 개인 맞춤형 보장이 가능하다.

간병인지원특약

　간병인지원특약은 피보험자가 질병이나 상해로 인해 일상생활을 수행하기 어려운 상태가 되었을 때 전문 간병인을 파견해주거나 간병인 비용을 직접 지급하는 특약이다. 이 특약은 크게 두 가지 방식으로 운영된다. 첫째, 보험회사가 계약을 맺은 전문 간병인 업체를 통해 직접 간병인을 파견하는 방식이다. 둘째, 피보험자가 자체적으로 간병인을 고용한 후 그 비용을 보험회사로부터 지급받는 방식이다.

　간병인지원특약은 일반적으로 일당 한도가 설정되어 있으며, 최대 지급 기간도 정해져 있다. 예를 들어, 하루 최대 10만원, 연간 최대 180일까지 보장하는 식이다. 이 특약의 가장 큰 장점은 가족들의 간병 부담을 크게 줄여주고, 전문적인 간병 서비스를 받을 수 있다는 점이다. 또한 가족간병시 보험금이 지급되기도 한다.

간호간병통합서비스특약

　간호간병통합서비스특약은 국민건강보험에서 제공하는 '간호간병통합서비스'를 이용할 때 발생하는 본인부담금을 보장해주는 특약이다. 간호간병통합서비스는 병원에서 간호사와 간호조무사가 팀을 이루어 환자를 돌보는 서비스로, 보호자 없는 병동이라고도 불린다. 이 서비스는 국민건강보험의 지원을 받아 일반 간병인을 고용하는 것보다 비용이 적게 들지만, 여전히 본인부담금이 발생한다.

　간호간병통합서비스특약은 이러한 본인부담금을 보장해줌으로써, 병원 입원 시 별도의 간병인을 고용할 필요 없이 전문적인 간호 서비스를 받을 수 있도록 지원한다. 이 특약은 일반적으로 입원일당 정액 보상 방식으로 운영되며, 일정 기간 동안의 입원을 보장한다.

간호간병통합서비스는 전문 의료진에 의한 체계적이고 질 높은 간병 서비스를 제공한다는 장점이 있다. 또한 간병인 구하기가 어려운 지역이나 상황에서도 안정적인 간병 서비스를 받을 수 있어 유용하다. 다만 이 서비스를 제공하는 병원이 제한적이고, 병실이 한정되어 있어 이용하기 어려운 경우도 있다. 간호간병통합서비스특약은 이러한 서비스를 보다 쉽게 이용할 수 있도록 경제적 지원을 제공한다.

재가급여지원특약

재가급여지원특약은 국민건강보험공단의 장기요양등급을 받은 피보험자가 자택에서 재가급여 서비스를 이용할 때 발생하는 비용을 지원하는 특약이다. 재가급여는 방문요양, 방문목욕, 방문간호, 주·야간보호, 단기보호 등 자택에서 받는 다양한 돌봄 서비스를 포함한다.

이 특약은 노인들이 익숙한 환경인 자택에서 생활하면서도 필요한 도움을 받을 수 있도록 지원한다. 많은 노인들이 시설 입소보다 자택에서의 생활을 선호하지만, 재가급여 서비스의 본인부담금이 경제적 부담이 될 수 있다. 재가급여지원특약은 정해진 장기요양혜택을 받은 경우 정해진 보험금을 보장해준다.

재가급여지원특약은 일반적으로 월 한도액 내에서 보험금을 보장하는 방식으로 운영된다.

[3대 간병 특약 비교표]

항목	간병인지원특약	간호간병통합 서비스특약	재가급여지원특약
대상	간병 필요 상태	병원 입원 환자	장기요양등급자
보장방식	간병인 파견 or 비용 지급	병원 본인부담금 보장	재가 서비스 본인부담금 보장
보장형태	일당/기간 제한	입원일당 정액	월 한도 보장
활용장소	자택/시설/병원	병원(통합병동)	자택

간병보험을 선택할 때는 여러 가지 요소를 고려해야 한다.

첫째, 가입 연령과 보험료다.

일반적으로 젊을 때 가입할수록 보험료가 저렴하며, 고령에는 가입이 제한되거나 보험료가 매우 높아질 수 있다.

둘째, 보장 범위와 한도다.

간병인 지원, 시설 입소비, 재가서비스 등 어떤 형태의 간병을 보장하는지, 그리고 보장 금액과 기간은 어떻게 되는지 확인해야 한다.

셋째, 지급 조건이다.

어떤 상태가 되었을 때 보험금이 지급되는지, 예를 들어 장기요양등급 판정, ADL(일상생활활동) 제한, 치매 진단 등의 조건을 확인해야 한다.

넷째, 갱신 조건과 보험료 변동 가능성이다. 일부 간병보험은 갱신형으로, 나이가 들수록 보험료가 급격히 상승할 수 있어 장기적인 부담 능력을 고려해야 한다.

Chapter 5.
보험 리모델링 실제 사례

현대 금융환경에서 보험은 단순한 재정적 안전망을 넘어 개인의 생애주기와 밀접하게 연결된 중요한 재무 도구이다. 따라서 주기적인 보험 리모델링은 개인의 변화하는 재정 상황과 위험에 맞춰 최적화된 보장을 유지하는 데 필수적이다.

실제 보험 리모델링의 첫 번째 핵심은 현재 보유한 보험 상품들을 철저히 분석하는 것이다. 이는 단순히 보험 증권을 나열하는 것이 아니라, 각 상품의 보장 범위, 보험료, 그리고 실제 필요성을 세밀하게 점검하는 과정을 의미한다. 예를 들어, 결혼 초기에 가입했던 보험 상품이 현재 가족 구조와 재정 상황에 여전히 적합한지 면밀히 검토해야 한다.

중복 보장은 리모델링 과정에서 가장 먼저 제거해야 할 요소이다. 많은 사람들이 의도치 않게 비슷한 보장을 여러 상품에서 중복해서 가입하곤 한다. 이는 불필요하게 보험료를 높이고 재정적 비효율을 초래한다. 예를 들어, 같은 질병에 대해 여러 보험사의 진단비 상품을 가입한 경우, 이를 통합하거나 가장 유리한 조건의 상품 하나로 정리할 수 있다.

 보장 공백 또한 중요하게 점검해야 할 부분이다. 개인의 생애주기에 따라 필요한 보장은 계속 변화한다. 자녀의 성장, 부모의 노후, 본인의 경력 변화 등 다양한 요인들이 보장 필요성을 변화시킨다. 따라서 정기적으로 현재 보장 내용과 잠재적 위험을 비교 분석해야 한다.

 보험 리모델링은 단순히 보험 상품을 줄이거나 교체하는 것이 아니다. 오히려 개인의 재정적 안정성을 극대화하고 위험을 최소화하는 전략적 접근이 필요하다. 이를 위해서는 보험 상품에 대한 깊은 이해와 자신의 재정 상황에 대한 정확한 분석이 선행되어야 한다.

 효과적인 리모델링을 위해서는 전문가와의 상담도 고려해볼 수 있다. 보험 전문가들은 개인의 상황을 종합적으로 분석하고, 최적의 보험 포트폴리오를 설계할 수 있는 통찰력을 제공할 수 있다. 그러나 최종 결정은 언제나 본인의 판단에 따라야 한다.

 보험 리모델링의 궁극적인 목표는 불필요한 비용을 줄이고, 필요한 보장은 확대하며, 전체적인 재정 건전성을 높이는 것이다. 이는 단기적 관점이 아니라 장기적인 관점에서 접근해야 한다. 주기적이고 체계적인 리모델링은 개인의 재정적 안정성을 크게 향상시킬 수 있는 핵심 전략이다.

중복 보장을 없애고 효율 높이기

실제 상담 사례

40대 직장인 김씨의 보험 재설계 사례를 통해 가족 보험 점검의 중요성과 효율적인 보험 관리 방안을 살펴보고자 한다.

김씨는 아내와 두 자녀가 있는 가장으로, 가족의 보장을 위해 10년 이상 다양한 보험에 가입해왔다. 하지만 월 80만 원에 달하는 보험료가 가계에 큰 부담이 되자, 보험 전문가와 상담을 통해 가족의 보험 구조를 전면적으로 점검하기로 했다.

점검 결과, 여러 가지 문제점이 발견되었다. 우선 김씨 부부가 각각 질병보험에 가입되어 있었는데, 2대 진단비 보험이 보장범위가 각기 다른 특약을 불필요하게 여러 개 가입되어 있었고, 후유장해 특약도 중복으로 가입된 상황이었다. 운전자보험도 아내는 실제 운전을 하지 않음에도 불구하고 운전자보험 등 부부가 동시에 가입되어 있는 상태였다.

이러한 문제를 해결하기 위해 단계적인 개선을 진행했다. 가족일상배상책임보험으로 전환하면서 여러 중복된 특약들을 정리했다. 아내의 보험은 치료비와 입원비 중심으로 변경해 상호 보완적인 구조로 재설계했다.

보험 점검 과정에서 치매 관련 보장이 전혀 없다는 사실도 발견되었다. 이에 노후 대비를 위해 치매보험을 새로 가입하여 보장의 공백을 메웠다.

이러한 종합적인 보험 재설계를 통해 김씨 가족은 매월 보험료의 20%를 절감할 수 있었다. 중복 보장은 제거하고 필요한 보장은 추가하는 과정을 거쳐 보험 구조가 더욱 효율적으로 개선되었다. 절감된 보험료는 자녀 교육비와 가계 저축으로 전환되었으며, 보험에 대한 심리적 부담도 크게 감소했다.

[중복 보장 점검 비교]

항목	김씨 보험 (기존)	김씨 보험 (개선 후)	조정 내용
2대 질병 진단비	부부 각각 가입	보장 내용 비교 후 하나 유지	중복 특약 제거
후유장해 특약	부부 각각 가입	한 명에게 집중	중복 특약 제거
운전자보험	부부 각각 가입	남편만 유지	아내는 운전하지 않으므로 해지
가족 배상책임보험	없음	신규 가입	실생활 보장 강화
치매보험	없음	신규 가입	노후 대비 보장 추가

　보험을 효율적으로 관리하기 위해서는 중복된 보장을 철저히 점검하고 제거하는 것이 매우 중요하다. 많은 사람들이 무의식적으로 비슷한 보장을 가진 보험 상품을 중복해서 가입하곤 한다. 이는 불필요한 보험료 지출로 이어져 재정적 비효율을 초래한다.

　중복 보장을 찾아내기 위해서는 먼저 현재 가입한 모든 보험 증권을 세밀하게 분석해야 한다. 각 보험 상품의 보장 내용을 꼼꼼히 비교하면서 유사한 항목을 확인해야 한다. 예를 들어, 상해보험이나 질병보험에서 비슷한 보장 범위를 가진 상품들을 식별할 수 있다.

　중복 보장을 해결하는 첫 번째 전략은 보장 범위를 통합하는 것이다. 예를 들어, 여러 개의 질병 또는 배상책임보험을 하나의 포괄적인 보험으로 통합할 수 있다. 이를 통해 보험료를 절감하면서도 필요한 보장은 그대로 유지할 수 있다. 보험사에 문의하여 기존 상품을 통합하거나 더 효율적인 상품으로 전환하는 방법을 상담받는 것이 좋다.

　보장 범위를 분석할 때는 보험금 지급 조건과 한도, 면책 사항 등을 세심하게 확인해야 한다. 때로는 겉보기에 비슷해 보이는 보험이라도 세부 조건에서 차이가 있을 수 있으므로 약관을 꼼꼼히 읽어보는 것이 중요하다. 이를 통해 진정한 의미의 중복 보장을 식별할 수 있다.

 보험 리모델링 과정에서는 개인의 현재 생활 환경과 재정 상황을 종합적으로 고려해야 한다. 현재 처한 위험과 미래의 잠재적 위험을 면밀히 평가하여 실제로 필요한 보장을 결정해야 한다. 불필요한 보장은 과감히 정리하고, 부족한 보장은 추가하는 방식으로 보험 포트폴리오를 최적화해야 한다.

 중복 보장 제거는 단순히 보험료를 절감하는 것뿐만 아니라 보험의 본질적 가치를 높이는 과정이다. 불필요한 보장을 제거함으로써 더 집중적이고 효율적인 보험 설계가 가능해진다. 이는 장기적인 재정 건전성을 확보하는 중요한 전략이 될 수 있다.

 마지막으로, 보험 전문가와의 상담을 통해 객관적이고 전문적인 의견을 들어보는 것도 중요하다. 전문가는 개인의 상황에 맞는 최적의 보험 구조를 제안할 수 있으며, 중복 보장을 효과적으로 해결할 수 있는 방안을 제시할 수 있다. 정기적인 보험 점검과 전문가 상담을 통해 항상 최적의 보험 포트폴리오를 유지해야 한다.

추가 보장 확대와 적정 보험료 설정

실제 상담 사례

38세의 IT 회사 직장인 박씨의 보험 재설계 사례를 통해 생애주기에 따른 보험 설계의 중요성을 살펴보고자 한다.

박씨는 첫 아이 출산 6개월 된 신혼부부로, 결혼 전 가입한 상해보험과 암보험만을 보유하고 있었다. 월 보험료는 18만 원 수준으로 크게 부담되지 않았으나, 결혼과 출산, 주택 대출 등 생활환경이 크게 변화하면서 현재 보험의 적절성에 대한 검토가 필요한 상황이었다.

점검 결과, 여러 문제점이 발견되었다. 기존 보험이 미혼 시절에 맞춰져 있어 배우자와 자녀를 위한 보장이 전무했으며, 암보험은 진단비 위주로 구성되어 실질적인 치료비와 입원비 보장이 부족했다. 또한 자녀 출산 후 필수적인 어린이보험과 실손의료보험도 없었다. 주택 대출로 인해 가계 여유자금이 부족한 상황에서 보험료 증액에 대한 신중한 접근이 요구되었다.

이러한 문제 해결을 위해 단계적인 보험 재설계를 진행했다. 우선 가족 전체를 위한 실손의료보험과 자녀의 어린이보험을 신규 가입했다. 기존 암보험은 갱신형에서 비갱신형으로 전환하면서 치료비와 입원비 보장을 강화했다. 자녀 교육비를 위한 저축형 보험은 현재 재정 상황을 고려해 추후 검토하기로 했다.

보험료는 월 소득 500만 원의 10% 수준인 45만 원으로 설정했다. 불필요한 특약을 제거하고 핵심 보장만 선택해 보험료 상승을 최소화했으며, 어린이보험은 30세납으로 설정해 향후 자녀의 독립 시점에 맞춘 조정이 가능하도록 했다.

보험료 절감을 위해 건강체 할인이 적용되는 상품으로 전환했으며,

보험사 비교를 통해 동일 보장 범위 내에서 더 저렴한 상품을 선택했다. 이러한 재설계로 박씨는 월 보험료를 18만 원에서 45만 원으로 증액하면서도 가족 전체를 위한 균형 잡힌 보장을 확보했다. 자녀는 성장기에 필요한 의료와 사고 보장을, 배우자는 기본적인 질병과 사고 보장을, 본인은 부족했던 치료비와 입원비 보장을 보강했다.

[보험 리모델링 전후 비교]

항목	보험 리모델링 전	보험 리모델링 후
보장 범위	미혼 시절 중심(개인 위주)	가족 전체 보장(배우자, 자녀 포함)
암보험	진단비 위주	치료비 및 입원비 보장 강화
실손보험	없음	본인+가족 모두 가입
어린이보험	없음	자녀 의료·사고 보장 추가
보험료	월 18만 원	월 45만 원(가족 중심 최적화)

개인의 보험 상황은 매우 다양하고 복잡하기 때문에 단순히 기존 보험을 유지하는 것만으로는 충분하지 않다. 보험 환경은 끊임없이 변화하며, 개인의 삶의 상황도 마찬가지로 지속적으로 변화한다. 따라서 보험 보장을 확대하고 적정한 보험료를 설정하는 것은 재정적 안정성을 유지하는 데 매우 중요한 과정이다.

추가 보장을 확대할 때 가장 먼저 고려해야 할 요소는 현재의 생활 환경과 미래의 잠재적 위험이다. 예를 들어, 결혼을 했거나 자녀가 생긴 경우 기존의 보장 범위를 재점검해야 한다. 가족의 규모가 커지면서 필요한 보장도 함께 증가하기 때문이다. 또한 직업이 변경되거나 소득 수준이 달라졌을 때도 보험 보장을 조정해야 한다.

보험료 책정에 있어 가장 중요한 원칙은 과도한 부담 없이 충분한 보장을 확보하는 것이다. 월 소득의 일정 비율을 보험료로 사용하되, 보통 10~15% 범위를 추천한다. 이는 개인의 재정 상황에 따라 유동적으로 조절될 수 있다. 단순히 보험료가 저렴하다고 해서 좋은 보험은 아니며, 실제 필요한 보장 범위를 정확히 파악하는 것이 더 중요하다.

 보장 확대 시 주의해야 할 점은 불필요한 중복 보장을 피하는 것이다. 기존에 가입한 보험과 유사한 내용의 보험에 중복 가입하는 것은 재정적으로 비효율적이다. 따라서 새로운 보험 상품을 선택할 때는 기존 보험 내용을 면밀히 검토해야 한다. 각 보험사의 특약 조건과 보장 범위를 꼼꼼히 비교 분석해야 한다.

 연령대별로 필요한 보장도 크게 달라진다. 20~30대는 질병과 사고에 대비한 보장이 중요하고, 40~50대는 중대 질병과 노후 대비 보장이 필요하다. 60대 이후에는 의료비와 간병 보험의 중요성이 커진다. 따라서 나이와 생애주기에 맞는 보장을 설계해야 한다.

 보험료 산정에 영향을 미치는 요인들도 다양하다. 개인의 건강 상태, 직업, 생활 습관, 가족력 등이 모두 보험료 책정에 반영된다. 흡연자와 비흡연자의 보험료 차이가 대표적인 예다. 건강한 생활 습관을 유지하면 보험료를 절감할 수 있는 기회를 얻을 수 있다.

 마지막으로 주기적인 보험 점검이 필수적이다. 전문가와 상담하거나 최소 1~2년에 한 번씩 자신의 보험을 종합적으로 재검토해야 한다. 시장 환경과 개인의 상황은 끊임없이 변화하기 때문에 보험도 그에 맞춰 유연하게 대응해야 한다. 보험은 고정된 것이 아니라 지속적으로 관리하고 조정해야 하는 금융 상품이다.

리모델링 후 체크리스트: 최종 점검 방법

보험 리모델링 후에는 단순히 변경했다고 끝나는 것이 아니라 꼼꼼한 최종 점검이 필수적이다. 이는 마치 집을 리모델링한 후 모든 시설과 마감 상태를 점검하는 것과 같은 원리다. 점검 과정에서 놓칠 수 있는 중요한 요소들을 체계적으로 확인해야 한다.

[리모델링 후 최종 점검 체크리스트]

항목	내용	
보장 범위 확인	새로운 보험이 기존에 부족했던 부분을 보완했는가?	☐
보험료 적정성	변경된 보험료가 본인의 재정 상황에 맞는가?	☐
약관 및 세부 조건 검토	면책 조항이나 보상 기준을 충분히 이해했는가?	☐
가족 보험과의 조화	가족 구성원 전체의 보험이 중복되지 않고 효율적인가?	☐
유연성 점검	미래 변화(직업, 건강, 가족 구성) 시 보험 조정이 가능한가?	☐

첫 번째로 확인해야 할 부분은 보장 범위의 적절성이다. 리모델링 과정에서 변경된 각 보험 상품의 보장 범위가 실제 본인의 필요를 얼마나 정확하게 충족하는지 면밀히 검토해야 한다. 특히 기존에 누락되었던 부분이 새로운 보험 상품에서 제대로 커버되고 있는지 집중적으로 확인해야 한다.

두 번째로 중요한 체크포인트는 보험료 변동 사항이다.

리모델링 후 보험료가 어떻게 변경되었는지, 그리고 그 변경된 보험료가 실제 본인의 재정 상황에 적합한지 꼼꼼히 분석해야 한다. 단순히 보험료가 줄었다고 해서 좋은 것이 아니라, 보장 수준과 보험료의 균형을 종합적으로 평가해야 한다.

세 번째는 각 보험 상품의 세부 조건을 다시 한번 확인하는 것이다.

보험약관의 세부 내용, 면책 조건, 보상 범위 등을 꼼꼼히 살펴보아야 한다. 특히 이전에 몰랐던 중요한 조항이나 세부 조건을 놓치지 않도록 주의해야 한다.

네 번째로 가족 구성원 전체의 보험 상황을 다시 한번 종합적으로 점검해야 한다. 개인의 보험만 변경했다고 해서 끝나는 것이 아니라, 가족 전체의 보험 포트폴리오가 서로 잘 연계되고 중복되지 않는지 확인해야 한다. 이를 통해 불필요한 중복 보장을 제거하고 효율적인 보험 설계를 완성할 수 있다.

마지막으로 향후 변경 가능성과 보험 상품의 유연성을 점검해야 한다. 미래에 발생할 수 있는 상황 변화에 대비해 보험 상품이 얼마나 유연하게 대응할 수 있는지 평가해야 한다. 특히 직업, 건강 상태, 가족 구성 등의 변화에 따라 보험을 조정할 수 있는 여지가 있는지 확인하는 것이 중요하다.

이러한 체계적인 점검을 통해 리모델링한 보험 상품이 진정으로 본인과 가족에게 최적화된 보장을 제공하고 있는지 최종적으로 확인할 수 있다. 단순한 변경이 아니라 철저한 분석과 검토를 통해 보험의 진정한 가치를 실현할 수 있다.

보험사별 상품종류와 특징

보험은 현대 금융생활에서 필수적인 재정적 안전망이다. 개인과 가족을 보호하는 중요한 수단으로, 각 보험 상품은 고유한 특성과 목적을 가지고 있다. 이러한 다양한 보험 상품을 제대로 이해하지 못하면 불필요한 비용을 지출하거나 중요한 보장을 놓칠 수 있다.

[생명보험 vs 손해보험 비교]

항목	생명보험	손해보험
보장 대상	생명 및 건강	
대표 상품	정기보험, 종신보험, 연금보험	자동차보험, 화재보험, 배상책임보험
지급 방식	보험금 지급(일시/정기)	사고 발생 시 손실 보상
가입 목적	사망 보장, 노후 대비	사고 및 재산 피해 보상
보험사 유형	생명보험사에서 판매	손해보험사에서 판매

생명보험은 크게 세 가지로 나눌 수 있다. 첫째, 정기보험은 보험 기간 동안 사망 시 보험금을 지급하는 가장 기본적인 형태의 보험이다. 보험료가 상대적으로 저렴하지만 만기 시 환급금은 없다. 둘째, 종신보험은 평생 동안 보장을 제공하며 사망 시 보험금을 지급한다. 셋째, 연금보험은 은퇴 후 안정적인 수입을 보장하기 위해 설계된 상품으로, 납입 기간 동안 보험료를 내고 은퇴 후 정기적으로 연금을 받을 수 있다.

손해보험은 재산과 신체에 발생할 수 있는 손실을 보장하는 상품이다. 대표적인 예로 자동차보험은 교통사고로 인한 물적, 인적 손해를 보상한다. 또한 운전자보험은 운전자의 중대과실에 대해서 민사 책임을 보장한다. 배상책임보험은 일상생활 또는 업무중 우연한 사고로 상대

방에게 피해를 입힌 경우 배상 한도를 보장한다.

　최근 손해보험과 생명보험의 경계가 모호해졌다. 생명보험에서도 실손보험을 판매하고 다양한 건강보험을 손해보험, 생명보험 할 것 없이 판매가 되고 있다. 그래서 해당 보험상품들은 각 보험사별 어떤 보장이 되는지 잘 검토해야 한다. 예를 들어 암종신보험은 암보험과 종신보험의 결합상품으로 생명보험에서 판매된다. 단순히 암보험은 생명, 손해보험에서 다 판매되지만 암종신보험 상품은 생명보험회사에만 판매할 수 있다. 해당 상품의 적합도는 소비자가 자신의 상황에 맞는지 판단해야 한다.

　단순히 많은 보험에 가입하는 것이 아니라, 효율적이고 꼭 필요한 보험을 선택하는 것이 재정 설계의 핵심이다. 보험 상품의 특성을 깊이 있게 이해하고, 전문가와 상담하면서 자신에게 최적화된 보험 포트폴리오를 구성해야 한다.

　위에서 설명했듯이 건강보험 등 제3보험은 생명, 손해보험에서만 판매되고 있기 때문에 경계가 모호하지만 여전히 생명보험사, 손해보험사에서만 판매되는 상품들이 있다. 해당 내용들은 아래 내용을 참고하길 바란다.

[생명보험 판매 대표적인 보험상품 종류와 특징]

　생명보험은 현대 금융 시스템에서 매우 중요한 역할을 수행하는 금융상품이다. 개인의 생애주기와 위험에 대비하기 위해 다양한 형태로 발전해 왔으며, 크게 몇 가지 주요 종류로 나눌 수 있다.

　첫째, 정기보험은 보장 기간 동안만 보장이 유효한 가장 기본적인 형태의 생명보험이다. 가입자가 보험 기간 중 사망할 경우 약속된 보험금을 수익자에게 지급하며, 일반적으로 보험료가 가장 저렴하다. 특히 젊은 나이의 가장이나 부양가족이 있는 사람들에게 적합한 상품으로 평가된 다.
 종신보험은 평생 동안 보장이 유지되는 상품으로, 사망 시 정해진 보험금을 지급한다. 보험료는 정기보험보다 높지만, 가입자의 생애 전체를 보장한다는 점에서 안정감을 제공한다. 재산 상속이나 장기적인 가족 보호를 원하는 이들에게 적합한 상품이다.
 저축성 보험은 보장과 동시에 자산 형성의 기능을 가진 상품이다. 일정 기간 납입한 보험료의 일부를 투자하여 만기 시 원금과 수익을 돌려받을 수 있다. 은퇴 준비나 장기 재테크 목적으로 많이 활용되며, 세금 혜택 등의 장점도 있다.
 연금보험은 은퇴 후 안정적인 노후 소득을 보장하기 위한 상품이다. 가입자가 일정 기간 보험료를 납입하면, 은퇴 후 정기적으로 연금을 지급받을 수 있다. 개인연금, 퇴직연금 등 다양한 형태로 존재하며, 노후 대비를 위한 중요한 금융상품으로 자리 잡았다.

[손해보험 판매 대표적인 보험상품 종류와 특징]

 자동차보험은 손해보험의 대표적인 상품 중 하나이다. 이 보험은 교통사고로 인한 물적 손해와 인적 손해를 보상하며, 자동차 운전 중 발생할 수 있는 다양한 위험을 커버한다. 대인배상, 대물배상, 자기차량손해, 무보험차량에 의한 상해 등 다양한 세부 보장 항목을 포함하고 있어 운전자의 재정적 안전을 보장한다.
 화재보험은 건물이나 동산에 대한 화재 위험을 대비하는 중요한 손해보험 상품이다. 주택, 상업용 건물, 공장 등 다양한 부동산에 대해 화재로 인한 직접적인 손실을 보상한다. 최근에는 단순 화재 보상을 넘어 폭발, 낙뢰, 태풍, 홍수 등 다양한 자연재해로 인한 손해까지 보장 범위를 확대하고 있다.
 배상책임보험은 개인이나 기업이 타인에게 손해를 끼쳤을 때 발생하는 법적 책임을 보장한다. 제조물 책임, 전문인 배상책임, 영업배상책임 등

> 다양한 유형의 보험이 존재한다. 법적 분쟁에서 재정적 부담을 줄이고 리스크를 관리하는 핵심적인 보험 상품이다.
>
> 특히 최근에는 사이버 보험과 같은 새로운 형태의 손해보험 상품도 등장하고 있다. 디지털 환경에서 발생할 수 있는 데이터 유출, 해킹, 시스템 장애 등으로 인한 경제적 손실을 보장하는 혁신적인 보험 상품이 개발되고 있다. 급변하는 기술 환경에 대응하는 보험 산업의 진화를 보여주는 사례라고 할 수 있다.

이처럼 보험회사 상품은 각각의 고유의 특성과 장단점을 가지고 있으므로, 개인의 상황과 필요에 맞는 상품을 선택하는 것이 중요하다. 단순히 보험료의 크기만으로 판단하기보다는 자신의 생애주기, 가족 상황, 재정 목표 등을 종합적으로 고려해야 한다.

보험 가입 시 고려해야 할 요소

보험은 개인의 재정적 안전을 보장해주는 중요한 금융 상품이다. 하지만 단순히 보험에 가입한다고 해서 모든 문제가 해결되는 것은 아니다. 보험 가입 과정에서 신중하게 고려해야 할 요소들이 다양하게 존재한다.

먼저 개인의 현재 재정 상황을 정확히 파악하는 것이 가장 중요하다. 월 소득, 지출 구조, 부채 상황, 저축 규모 등을 종합적으로 분석해야 한다. 이를 통해 자신에게 적합한 보험료 수준과 보장 범위를 결정할 수 있다. 예를 들어, 안정적인 직장을 가진 30대 직장인과 불안정한 수입의 프리랜서는 완전히 다른 보험 설계가 필요하다.

연령대와 생애주기도 보험 선택의 중요한 기준이 된다. 결혼 전 독신

자, 신혼부부, 자녀가 있는 가장, 은퇴를 앞둔 중장년층 등 각각의 상황에 맞는 보험 상품이 존재한다. 청년층은 상대적으로 낮은 보험료로 높은 보장을 받을 수 있지만, 나이가 들수록 보험료는 상승하고 보장 범위는 제한된다는 점을 인지해야 한다.

[연령대별 보험 추천 상품]

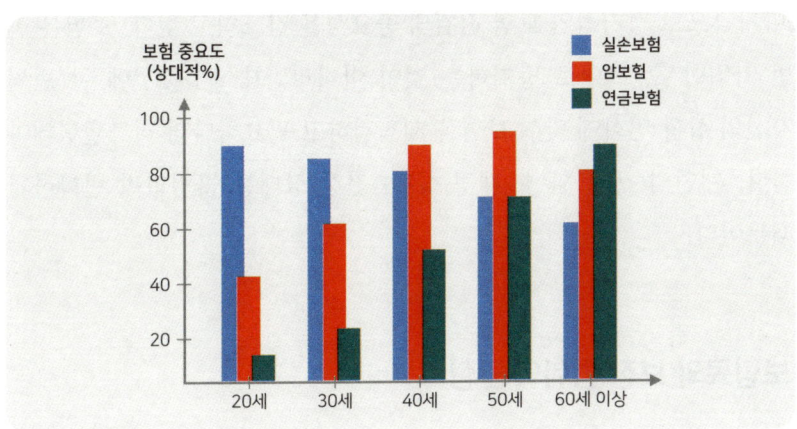

 직업과 건강 상태도 중요한 고려 요소다. 위험한 직업군에 속하는 사람은 더 높은 위험 보장을 요구할 수 있으며, 특정 질병 이력이 있는 경우 보험 가입 조건이나 보험료에 직접적인 영향을 미칠 수 있다. 따라서 자신의 건강 상태를 정확히 파악하고 이에 맞는 보험을 선택해야 한다.
 보험사의 신뢰도와 재무 건전성 또한 간과해서는 안 된다. 단순히 저렴한 보험료나 화려한 마케팅에 현혹되기보다는 보험사의 재무 지표, 보상 실적, 고객 서비스 수준 등을 종합적으로 평가해야 한다. 보험금 지급 능력이 부족한 보험사는 위기 상황에서 제대로 된 보상을 하지 못할 수 있기 때문이다.

보장 내용의 세부적인 조건도 꼼꼼히 확인해야 한다. 단순히 보험료와 보장 금액만 비교할 것이 아니라 면책 조건, 보장 범위, 특약 조건 등을 상세히 살펴봐야 한다. 겉보기에는 비슷해 보이는 보험 상품이라도 세부 조건에 따라 실제 보장 수준은 크게 달라질 수 있다.

마지막으로 정기적인 보험 점검의 중요성을 강조하고 싶다. 보험은 한 번 가입한 후 그대로 방치하는 것이 아니라, 최소 1~2년에 한 번씩 자신의 상황 변화에 맞춰 보험을 재점검하고 필요하다면 리모델링해야 한다. 개인의 생활 환경, 재정 상황, 건강 상태는 끊임없이 변화하기 때문이다.

보험료와 보장 범위의 균형

보험을 선택할 때 가장 중요한 요소 중 하나는 바로 보험료와 보장 범위 사이의 균형이다. 이는 단순히 저렴한 보험료를 찾는 것이 아니라, 자신에게 정말 필요한 보장을 적절한 가격에 얻는 것을 의미했다. 많은 사람들이 이 균형을 제대로 이해하지 못해 불필요하게 높은 보험료를 지불하거나, 반대로 충분하지 않은 보장을 선택하는 실수를 범했다.

보험료와 보장 범위 사이의 균형을 찾기 위해서는 먼저 자신의 실제 위험 요소를 정확하게 파악해야 했다. 예를 들어, 건강 상태, 직업, 가족 구성, 생활 방식 등 개인의 고유한 특성을 면밀히 분석해야 했다. 이러한 요소들은 필요한 보장의 범위와 수준을 결정하는 중요한 기준이 되었다.

[보험료와 보장 범위의 균형 비교]

선택 유형	보험료 수준	보장 범위	장점	단점
저렴한 보험	낮음	제한적	재정 부담 적음	보장 부족 가능성
균형 잡힌 보험	중간	적절	보장과 비용 균형	적정한 보험료 필요
고가 보험	높음	광범위	철저한 보장	경제적 부담

 보장 범위를 평가할 때는 단순히 보험금 액수만 보지 말고, 실제로 어떤 상황에서 얼마나 효과적으로 보호받을 수 있는지를 꼼꼼히 살펴봐야 했다. 예를 들어, 암 보험의 경우 단순히 진단비만 보장하는 상품보다는 치료비, 입원비, 간병비 등을 포괄적으로 보장하는 상품이 더 실질적인 도움이 될 수 있었다.

 보험료 측면에서는 자신의 경제적 상황에 맞는 합리적인 금액을 선택해야 했다. 과도하게 높은 보험료는 장기적으로 재정적 부담이 될 수 있으며, 반대로 너무 저렴한 보험료는 충분한 보장을 받지 못할 위험이 있었다. 전문가들은 일반적으로 월 소득의 10~15% 정도를 보험료로 사용하는 것을 추천했다.

 보험 상품 선택 시에는 항상 비교와 분석이 필요했다. 여러 보험사의 상품을 꼼꼼히 비교하고, 같은 조건에서 어떤 상품이 더 나은 보장과 합리적인 가격을 제공하는지 확인해야 했다. 온라인 비교 도구나 보험 설계사의 도움을 받아 다양한 옵션을 검토하는 것도 좋은 방법이었다. 또한 정기적인 보험 점검이 중요했다. 개인의 상황은 계속 변화하기 때문에, 1~2년에 한 번씩 현재 보험 상품이 여전히 자신에게 적합한지 검토해야 했다. 결혼, 출산, 직업 변경 등 삶의 주요 변화가 있을 때마다 보험 포트폴리오를 재평가하는 것이 현명했다.

 결론적으로, 보험료와 보장 범위의 균형은 개인의 특수한 상황과

needs를 종합적으로 고려해야 하는 섬세한 과정이었다. 단순히 저렴한 보험이나 비싼 보험을 선택하기보다는, 자신에게 가장 최적화된 보호를 제공할 수 있는 보험 상품을 신중하게 선택해야 한다.

보험 가입 시기와 조건

보험 가입은 단순히 상품을 구매하는 것이 아니라 미래의 재정적 안전망을 설계하는 중요한 결정이다. 따라서 가입 시기와 조건을 신중하게 고려해야 한다. 개인의 생애주기와 재정 상황에 따라 최적의 시점은 크게 달라질 수 있으며, 이를 정확히 판단하는 것이 장기적인 재정 안정성을 확보하는 핵심이다.

첫째, 나이에 따른 보험 가입 시기를 심층적으로 분석해야 한다. 일반적으로 젊은 시절에 보험에 가입하면 보험료가 저렴하고 건강 상태도 양호하기 때문에 더 유리하다. 20대~30대 초반이 이상적이다. 이 때 신체 건강이 최상이며 보험사에서 요구하는 건강 조건을 충족할 가능성이 가장 높기 때문이다.

둘째, 개인의 재정적 상황과 부양가족 유무를 고려해야 한다. 결혼을 하거나 자녀가 생기면 보험에 대한 필요성이 더욱 커진다. 특히 부양가족이 있는 경우, 만약의 사고나 질병으로 인한 경제적 리스크에 대비해야 한다. 이때 단순히 보험금의 규모뿐만 아니라 보장 내용의 적절성도 면밀히 검토해야 한다.

셋째, 직업과 생활 패턴도 보험 가입 조건에 중요한 영향을 미친다. 위험도가 높은 직업을 가진 사람들은 더 포괄적인 보장을 고려해야 하며, 이는 보험료에도 반영된다. 예를 들어 고위험 직종에 종사하는 경우 상해보험이나 특정 질병 보험의 조건을 더욱 꼼꼼히 살펴봐야 한다.

넷째, 건강 상태는 보험 가입의 가장 결정적인 요소 중 하나이다. 만성 질환이나 심각한 병력이 있는 경우 보험 가입이 제한되거나 보험료가 크게 상승할 수 있다. 따라서 건강한 시기에 미리 가입하는 것이 재정적으로 훨씬 유리하다. 정기적인 건강검진을 통해 자신의 건강 상태를 정확히 파악하고, 이를 바탕으로 보험 가입을 계획해야 한다.

마지막으로, 경제적 상황과 투자 포트폴리오도 고려해야 할 중요한 요소이다. 보험은 단순한 지출이 아니라 장기적인 재무 계획의 일부다. 현재의 월 소득, 저축 능력, 미래의 재정 목표 등을 종합적으로 분석하여 적절한 보험 상품을 선택해야 한다. 과도한 보험료 지출은 다른 재정적 목표 달성을 방해할 수 있으므로 균형 잡힌 접근이 필요하다.

개인 상황에 맞는 보험 선택하기

보험을 선택할 때는 단순히 상품의 겉모습이나 판매원의 말만 듣고 결정해서는 안 된다. 개인의 생애주기와 현재 상황, 미래의 재정적 목표를 종합적으로 고려해야 한다. 이는 마치 옷을 맞춤 제작하듯이 자신의 상황에 꼭 맞는 보험을 선택해야 함을 의미한다.

먼저 자신의 생애주기를 정확히 파악해야 한다. 20대 초반의 미혼 직장인과 40대 기혼 가장의 보험 니즈는 완전히 다르다. 20대는 질병이나 사고에 대비한 기본적인 보장이 중요하고, 40대는 가족의 생활보장과 은퇴 준비를 위한 연금성 보험이 필요하다. 이러한 생애주기별 특성을 정확히 이해하는 것이 첫 번째 단계다.

[개인 맞춤형 보험 선택]

- 연령대 확인 — 생애주기별 적합한 보험 선택
- 직업 및 소득 수준 — 고소득/저소득 여부에 따른 상품 추천
- 건강 상태 — 기존 질병 유무에 따라 보장 강화 필요
- 가족 및 부양 책임 — 부양가족 유무에 따른 보장 조정
- 재정 상황 — 대출 및 자산 상황 고려하여 보험료 설정
- 미래 목표 — 노후 준비 vs 단기 대비 보험 선택

직업과 소득 수준도 중요한 고려 요소다. 고소득 전문직 종사자와 안정적인 공무원, 불규칙한 수입의 자영업자는 각각 다른 보험 설계가 필요하다. 예를 들어 자영업자는 더 두텁고 포괄적인 질병 보장이 필요할 수 있으며, 안정적인 직장인은 저축성 보험에 더 관심을 가질 수 있다.

건강 상태와 가족력도 보험 선택에 결정적인 영향을 미친다. 특정 질병의 가족력이 있거나 만성질환을 앓고 있다면 CI보험이나 특정 질병 보장에 더 신경 써야 한다. 반대로 건강한 젊은 층은 저렴한 기본 보장으로도 충분할 수 있다.

현재 자산 상황과 부채 규모도 고려해야 할 중요한 요소다. 주택담보 대출이 있는 경우 대출 상환을 위한 보장성 보험이 필요하고, 자녀의 교육비를 준비해야 하는 상황이라면 교육자금 보험을 검토해볼 수 있다. 개인의 재정 상태에 맞는 보험을 선택하는 것이 핵심이다.

또한 미래의 재정적 목표를 명확히 설정하는 것도 중요하다. 해외여행을 자주 가는 사람은 여행자보험에, 노후 준비에 집중하는 사람은

연금보험에 더 관심을 가질 것이다. 자신의 장기적인 재정 목표를 설정하고 그에 맞는 보험 상품을 선택해야 한다.

 보험 가입 시에는 보험료 부담 능력도 반드시 고려해야 한다. 아무리 좋은 보장 내용의 보험이라도 감당할 수 없는 보험료는 오히려 재정에 부담이 될 수 있다. 월 소득의 10~15% 정도를 보험료로 사용하는 것이 일반적인 가이드라인이다.

 결론적으로, 보험 선택은 매우 개인적이고 주관적인 결정이다. 전문가와 상담하되, 최종적으로는 자신의 상황을 가장 잘 아는 본인이 판단해야 한다. 주기적으로 보험 포트폴리오를 점검하고 필요에 따라 조정하는 유연성을 가져야 한다.

3부

혼자서 보험금 청구하기

Chapter 1.
보험금 청구, 어떻게 시작할까?

[보험금 청구 프로세스]

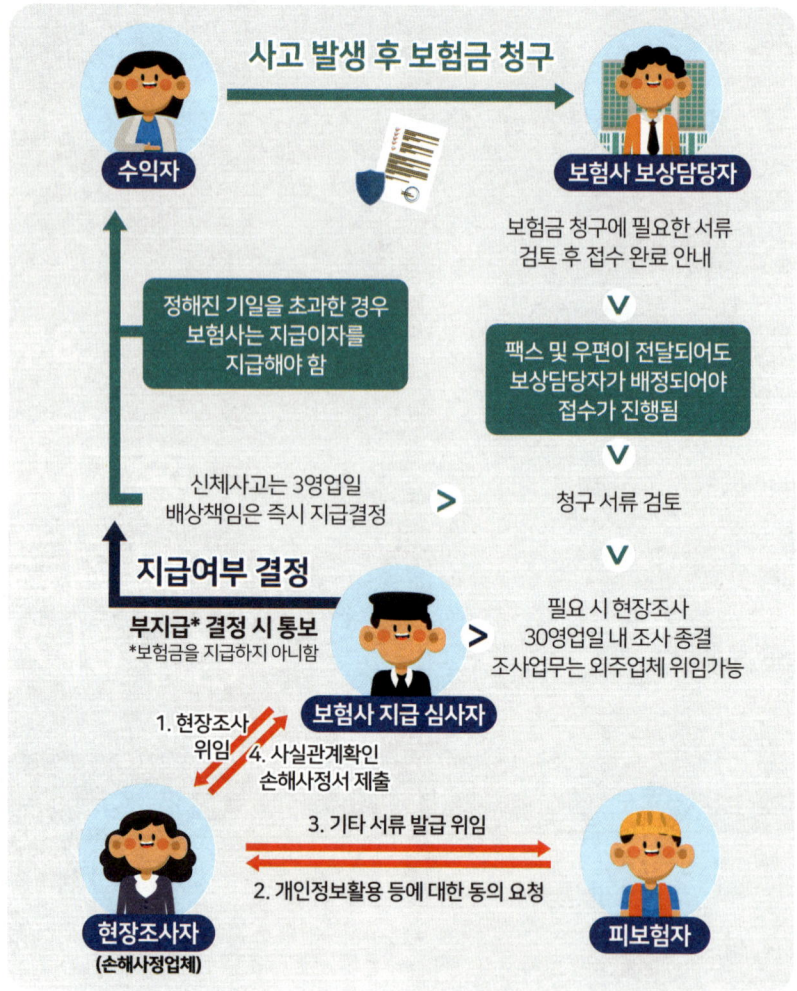

보험금 청구 절차 보험금 지급과 직접적인 관계가 있기 때문에 보험금 청구자는 반드시 이해해야 하는 내용이다. 일반적으로 보험금 청구가 접수되면, 보험사는 즉시 전문 보상 담당자를 배정한다. 하지만 최근 보험금 청구건수가 증가하면서 보상담당자 배정이 지연되는 경우가 있다. 이런 경우 보험금 청구를 했음에도 보상담당자 미배정으로 접수가 지연되는 경우도 있으니 해당 부분은 참고하길 바란다. 보험금 청구가 접수되면 보험사는 해당 보험금 담당자가 배정하며 보상담당자는 접수 사실과 향후 진행될 절차에 대해 보험청구자에게 문자나 알림톡으로 안내하게 된다. 이후 보상 담당자는 제출된 모든 서류를 꼼꼼히 검토하여 청구 내용이 보험 약관에 부합하는지 확인하며, 필요한 경우 추가 서류를 요청할 수 있다.

서류 검토가 완료되면 보험금 심사 단계로 넘어간다. 이때 보상담당자는 보험금 지급 관련 심사담당자로 변경된다. 이 단계에서는 약관상의 보장 내용, 청구 사유의 타당성, 보상 범위 등을 종합적으로 고려하여 보험금 지급 여부를 결정한다. 심사 결과 지급이 승인되면 보험사는 가입자가 지정한 계좌로 보험금을 송금한다.

보험금 지급 기한은 보험의 종류에 따라 다르게 적용된다. 질병·상해보험과 생명보험은 최종 서류 접수일로부터 3영업일 이내에 지급되며, 배상책임보험, 화재보험, 자동차보험의 경우 지급보험금 결정일로부터 7일 이내에 지급된다. 다만 생명보험의 경우 지급 사유의 조사나 확인이 필요한 경우 최대 10영업일까지 소요될 수 있다.

특별한 사유로 지급이 지연되는 경우, 보험사는 그 사유와 지급 예정일을 안내하고 약관에 따라 지연이자를 지급해야 한다. 또한 지급이 지연될 것으로 예상되는 경우, 추정 보험금의 50% 이내에서 가지급 보험금을 먼저 지급할 수 있다. 이는 가입자의 긴급한 자금 수요를 고려한 제도로, 최종 보험금 산정 시 정산된다.

이러한 체계적인 절차 이해를 통해 보험금 청구 시 불이익이 없도록 하는 것이 좋을 듯하다.

청구 서류 준비 및 제출 요령

[보험금 청구 시 필요 서류]

통원 시 청구 서류
- ✓ 진료확인서
  (통원확인서 가능)
- ✓ 병원비 영수증 / 약국 약제비 영수증 (처방전 포함)
  (진료비세부내역서도 가능)
- ✓ 신분증 사본

입원·수술 시 청구 서류
- ✓ 입원·수술 확인서
- ✓ 진단서 (병명코드, 수술명, 수술일자 포함)
- ✓ 병원비 영수증 / 약국 약제비 영수증 (처방전 포함)
  (진료비세부내역서도 가능)
- ✓ 신분증 사본

보험금 청구를 위해서는 정확한 서류 준비가 필수적이며, 이는 청구 유형에 따라 다르게 적용된다. 보험금 청구 과정에서 필요한 서류는 통원, 입원, 수술 등 치료 형태에 따라 구분되며, 각각의 경우에 맞는 적절한 서류를 구비해야 원활한 청구가 가능하다.

통원 치료의 경우 비교적 간단한 서류들이 요구된다. 먼저 보험사에서 제공하는 양식에 따라 보험금 청구서를 작성해야 하며, 진료비 영수증과 진료비 세부내역서를 함께 제출해야 한다. 이때 진료비 영수증은 병원이나 약국에서 발급받은 원본이어야 하며, 진료비 세부내역서에는 구체적인 치료 항목과 비용이 명시되어 있어야 한다. 또한 진단서나 통원 확인서를 통해 실제 치료받은 병명과 통원 사실을 증명해야 한다. 청구인의 신원 확인을 위한 신분증 사본과 보험금을 받을 통장 사본도 필수적으로 제출해야 한다.

입원 치료의 경우에는 보다 구체적이고 상세한 서류들이 필요하다. 기본적인 보험금 청구서 외에도 입원확인서를 통해 정확한 입원기간과 치료내역을 증명해야 한다. 진단서나 입퇴원 요약서에는 질병명, 입원 사유, 치료 내용 등이 상세히 기재되어 있어야 하며, 입원 중 발생한 모든 의료비는 진료비 영수증과 세부내역서를 통해 명확히 제시되어야 한다. 만약 입원 중 수술을 받았다면 수술 기록지도 반드시 함께 제출해야 한다.

수술의 경우에는 가장 구체적인 의료 기록이 요구된다. 수술확인서에는 정확한 수술명과 수술일자, 수술 내용이 포함되어야 하며, 수술기록지를 통해 수술 과정과 세부 사항이 증명되어야 한다. 진단서에는 수술이 필요했던 의학적 사유와 정확한 병명이 기재되어야 하며, 수술과 관련된 모든 비용은 진료비 영수증과 세부내역서를 통해 상세히 제시되어야 한다.

 이러한 서류들은 보험사마다 요구하는 양식이 다를 수 있으므로, 청구 전 반드시 해당 보험사의 구체적인 안내를 확인하는 것이 중요하다. 대부분의 서류는 원본 제출이 원칙이나, 일부는 사본으로도 제출이 가능할 수 있다. 또한 보험금 지급 심사 과정에서 진료기록 사본, 영상자료, 의사소견서 등 추가적인 서류를 요청받을 수 있으며, 이러한 경우 해당 서류를 신속히 제출하는 것이 보험금 지급이 지연되는 것을 방지할 수 있다.

Chapter 2.
주요 보험금 청구 가이드

 보험을 가입하는 이유가 보험금을 제대로 받기위함이라고 해도 과언이 아니다. 따라서 보험금 청구는 매우 중요한 과정이다. 다양한 보험상품마다 청구 방법과 절차가 다르기 때문에 각 보험의 특성을 정확히 이해하는 것이 무엇보다 중요하다. 본 장에서는 다양한 보험상품별 혼자서 보험금 청구 방법을 상세히 설명할 것이다.
 일반적인 질병보험 및 상해보험금을 청구할 때는 입원이냐, 통원이냐, 수술이냐에 따라서 다양한 추가서류가 필요하다. 기본적으로 진료비 영수증, 치료 확인서 등 모든 의료 관련 서류가 준비해야 한다. 특히 질병의 경우 발병 시점과 치료 과정을 명확히 증명할 수 있는 서류들이 핵심적이다. 보험사마다 요구하는 구체적인 서류 목록이 조금씩 다를 수 있으므로 해당 보험사의 홈페이지에 나와있는 청구 가이드를 면밀히 확인해야 한다.

운전자보험의 경우 교통사고 발생 시 즉각적인 대응이 중요하다. 사고 당시의 상황을 기록한 경찰 서류, 병원 진단서, 차량 수리 견적서 등을 신속하게 수집해야 한다. 목격자 진술서나 블랙박스 영상 등 추가적인 증거 자료는 보험금 청구에 결정적인 도움을 줄 수 있다.

간병보험과 후유장해보험금 청구는 보다 복잡한 절차를 요구한다. 의료기관의 정확한 장해 진단서, 치료 경과 기록지, 장기간의 치료 증명 서류 등을 상세히 준비해야 한다. 장해 등급에 따라 보험금 지급액이 달라지므로, 정확한 의학적 진단과 객관적인 증빙 자료가 무엇보다 중요하다. 또한 장해 판정 과정에서 보험사의 별도 검증 절차를 거치게 되므로 인내심을 갖고 대응해야 한다. 보험상품별 필요한 보험금 청구 서류를 자세히 알아보도록 하자

질병보험·상해보험금 청구

보험금 청구는 개인의 건강과 재정적 안정을 지키는 중요한 과정이다. 질병이나 상해로 인한 보험금 청구는 복잡할 수 있지만, 체계적인 접근법을 알면 쉽게 해결할 수 있다. 먼저 보험금 청구를 위해서는 정확한 의료 기록이 가장 중요하다. 병원에서 발급받은 진단서, 진료기록지, 치료 영수증 등은 청구 과정에서 핵심적인 증빙 자료가 된다. 이러한 서류들은 단순히 보관하는 것을 넘어 체계적으로 정리해야 한다.

 예를 들어, 날짜별로 분류하고 디지털 사본을 만들어 보관하는 것이 좋다. 보험 약관을 꼼꼼히 확인하는 것도 필수적이다. 각 보험 상품마다 보장하는 질병과 상해의 범위가 다르기 때문에, 자신의 보험이 정확히 어떤 상황을 보장하는지 사전에 파악해야 한다.

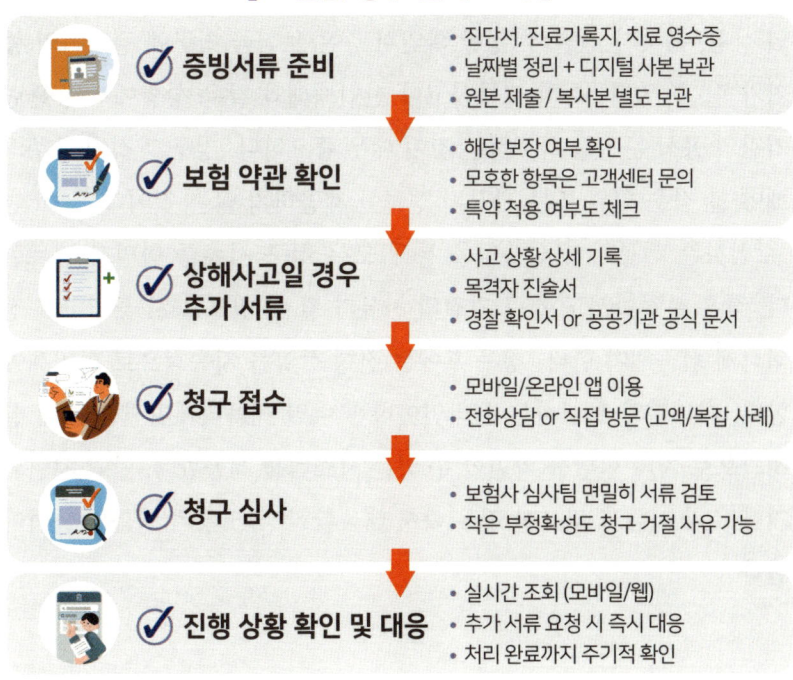

모호한 부분이 있다면 보험사고객센터에 직접 문의하여 명확히 이해할 필요가 있다. 청구 절차는 대부분 온라인이나 모바일 애플리케이션을 통해 진행할 수 있다. 그러나 복잡한 사례의 경우 직접 방문하거나 전화상담을 통해 진행하는 것이 더 효과적일 수 있다. 특히 고액의 보험금이나 특수한 상황에서는 대면상담을 통해 세부 사항을 꼼꼼히 확인하는 것이 중요하다. 의료비 청구 시에는 실제 발생한 의료비용을 정확히 산정해야 한다. 보험사에 제출하는 영수증과 진단서는 원본이어야 하며, 보험금 청구와 관련된 모든 서류는 복사본을 따로 보관해야한다. 만약 서류가 분실되거나 훼손될 경우 추가 발급에 시간과 비용이 소요될 수 있기 때문이다.

상해보험의 경우 사고 발생 경위를 상세히 기록해야 한다. 사고 당시의 상황, 목격자 진술서, 경찰 확인서 등은 보험금 청구에 결정적인 증거가 될 수 있다. 특히 교통사고나 산업재해와 같은 상황에서는 관련 기관의 공식 문서를 확보하는 것이 매우 중요하다. 청구 과정에서 주의해야 할 점은 허위 또는 과장된 정보를 제공하지 않는 것이다.

보험사는 전문적인 심사팀을 통해 모든 청구 서류를 면밀히 검토한다. 작은 부정확성도 청구 거절의 사유가 될 수 있으므로, 투명하고 정직하게 접근해야 한다. 청구 후에는 진행 상황을 지속적으로 확인해야 한다. 대부분의 보험사는 온라인이나 모바일 애플리케이션을 통해 실시간으로 처리 현황을 확인할 수 있는 시스템을 제공한다. 만약 지연되거나 추가 서류가 필요한 경우 즉시 대응할 수 있도록 주의를 기울여야 한다.

운전자보험 보험금 청구

운전자보험 보험금 청구 시에는 정확한 서류 제출이 신속한 보험금 지급의 핵심이다. 보험금 청구 과정에서는 공통적으로 필요한 기본 서류와 사고 유형별로 추가되는 서류들이 있어 체계적인 준비가 필요하다. 우선 모든 유형의 보험금 청구에 공통적으로 필요한 서류로는 보험금 청구서와 개인(신용)정보처리동의서가 있다. 이 서류들은 청구인의 기본 정보와 보험금 지급을 위한 개인정보 처리 동의 내용을 담고 있다.

또한 청구인 신분증 사본(앞면)과 보험금을 수령할 수익자의 통장사본도 필수적으로 제출해야 한다. 사고 유형에 따라 추가로 제출해야 하는 서류는 다양하다. 교통사고와 관련된 보험금 청구 시에는 경찰서에서 발급받는 교통사고사실확인원과 보험회사에서 발급하는 사고처리확인서가 필요하다. 이 서류들은 사고 발생 사실과 처리 과정을 증명하는 중요한 자료이다.

[운전자 보험 청구서류]

교통사고 처리지원금

✓ 17년 1월 이후 판매된 교통사고처리 지원금 담보는 피해자에게 보험금 위임을 통해 직접 지급 요청(선지급 가능)

 교통사고 사실확인원

형사 합의서

 피해자 상해등급 진단서/소견서

 합의금 입금 내역

✓ 변호사 선임비용
 (21년 하반기부터 일부 보험사에서 보상가능한 담보 판매)

✓ 벌금
 (21년부터 벌금도 선지급 처리 가능하게 소급 적용 - 보험사마다 차이 있음)

운전면허 관련 보험금 청구에서는 면허정지위로금을 받기 위해 면허정지확인원과 운전경력증명서를 제출해야 한다. 면허취소위로금의 경우에도 면허취소확인원과 운전경력증명서가 필요하다. 이 서류들은 면허 정지나 취소 사실을 공식적으로 증명하는 자료이다. 벌금 관련 보험금을 청구할 때는 법원에서 발급한 약식명령서(범죄사실 별지 포함)와 벌금납부영수증을 제출해야 한다. 약식명령서는 벌금 부과의 법적 근거를 제공하며, 벌금납부영수증은 실제 납부 사실을 증명한다. 형사합의지원금(교통사고처리지원금) 청구 시에는 더 많은 서류가 필요하다. 피해자진단서, 경찰서나 검찰청에 제출된 형사 합의서 (합의금액명시), 공소장, 공탁서 및 피해자 공탁금 출급 확인서 (미합의 시), 형사합의금 입금내역서 등이 여기에 해당한다. 이 서류들은 사고로 인한 피해 정도와 합의 과정, 합의금 지급 사실을 증명하는데 필요하다.

보험금 청구 과정에서 몇 가지 주의사항도 있다. 사고 내용과 특성, 가입한 상품에 따라 추가 서류가 필요할 수 있으므로, 정확한 서류 준비를 위해 보험회사에 미리 문의하는 것이 좋다. 또한 대리인이 청구할 경우에는 위임장과 보험금 청구권자의 인감증명서 원본이 필요하다. 보상 청구는 청구 사유 발생일로부터 3년 이내에 신청해야 한다는 점도 중요하다. 운전자보험 보험금 청구는 필요한 서류를 정확히 준비하고 기한 내에 신청하는 것이 중요하다. 불필요한 지연이나 거절을 방지하기 위해 보험금 청구 전 보험회사의 홈페이지나 고객센터를 통해 필요 서류를 확인하고, 사고 상황에 맞는 서류를 빠짐없이 준비하는 것이 바람직하다.

간병보험보험금 청구

 간병보험은 현대사회에서 점차 중요성이 커지는 보험 상품으로, 이용하는 서비스 종류에 따라 다양한 형태로 존재한다. 대표적인 간병보험 상품으로는 간병인사용일당(특약), 재가급여/시설급여지원특약, 치매보험 등이 있으며, 각 상품마다 보장 범위와 보험금 지급 방식이 상이하다. 이에 따라 청구 시 필요한 서류와 절차도 달라지므로, 보험 가입자는 자신이 가입한 상품의 특성을 정확히 이해하는 것이 중요하다.

 간병인사용일당(특약)은 피보험자가 간병인을 사용할 경우 일정 기간 동안 일당 형태로 보험금을 지급하는 특약이다. 최근 금융감독원이 간병인사용일당 지급 기준을 명확히 규정하면서, 보험금 청구 시 필요한 서류도 구체화되었다. 일반적으로 보험금청구서와 개인정보처리동의서, 피보험자의 신분증 사본, 간병서비스 이용 영수증과 같은 간병인 이용 증빙자료, 그리고 필요에 따라 진단서 또는 입원확인서가 요구된다. 특히 간병인 사용에 대한 정확한 증빙자료가 필요하므로, 서비스 이용 시 영수증이나 이용 내역을 꼼꼼히 보관하는 것이 중요하다.

[간병인 사용 특약 정의]

간병인을 사용 후 보험사 요청 시 간병비를 보상해주는 특약

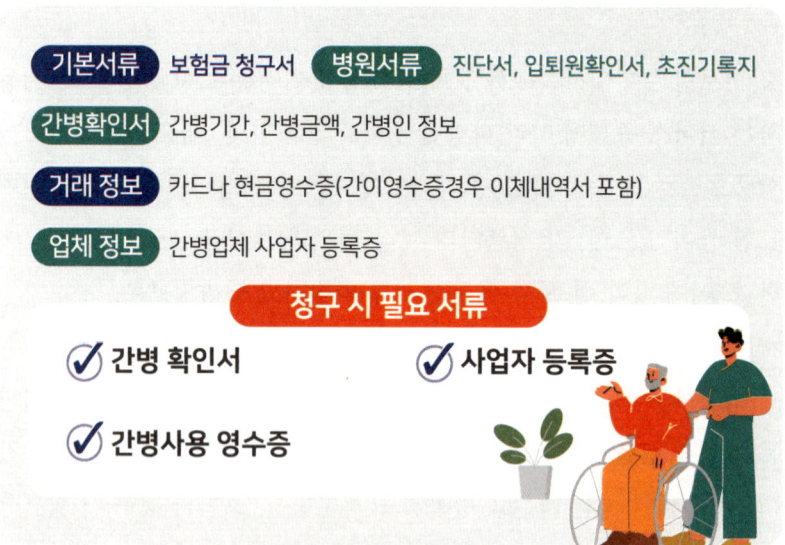

　재가급여/시설급여지원특약은 장기요양급여를 이용할 때 지원금을 지급하는 특약으로, 청구 시에는 장기요양보험과 관련된 서류가 필요하다. 주요 서류로는 장기요양인정서, 장기요양급여제공기록지, 장기요양급여명세서 등이 있다. 장기요양인정서는 피보험자가 장기요양보험 수급자로 인정받았다는 증빙자료이며, 장기요양급여제공기록지는 실제로 간병 서비스가 제공된 내역을 증명하는 서류이다. 장기요양급여명세서는 간병 비용과 관련된 상세 내역이 포함된 서류로, 이러한 서류들은 국민건강보험공단을 통해 발급받을 수 있다. 보험금 청구 시에는 이러한 서류들을 반드시 제출해야 한다.

✓ 노인장기요양보험 시설/재가급여 이용에 따라 정해진 보험금 청구 가능합니다.
: 특별 현금급여 등 시설/재가급여 이외 비용은 보상하지 않습니다.

[시설/재가급여 지원 보험금 청구서류]

1등급	2등급	3등급	4등급	5등급	인지지원등급
시설급여 또는 재가급여		재가급여			주·야간 보호급여
치매 가족 휴가제 중 종일 방문요양					
특별 현금급여(가족요양비)					
치매 가족 휴가제 중 단기보호급여, 기타 재가급여(복지용구)					

청구 시 필요 서류

✓ 장기요양인정서

✓ 장기요양급여 제공기록지

✓ 장기요양급여 명세서

치매보험은 피보험자가 치매 진단을 받았을 경우 보험금을 지급하는 보험으로, 청구 과정에서 특별한 주의가 필요하다. 치매 환자는 인지능력이 저하되기 때문에 스스로 보험금을 청구하기 어려운 경우가 많아, 대리인 지정 여부에 따라 청구 절차가 크게 달라진다.

[치매보험 청구서류 준비 방법]

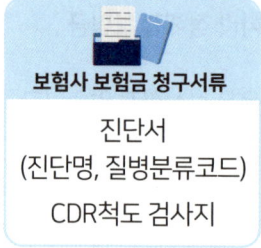  

　대리청구인이 지정된 경우에는 피보험자 및 대리인의 신분증 사본, 보험금청구서 및 개인정보처리동의서, 치매 진단서 등 비교적 간단한 서류만으로 보험 금을 받을 수 있다. 반면 대리청구인이 지정되지 않은 경우에는 성년후견인을 법적으로 지정해야 하며, 이 과정은 상당한 시간이 소요될 수 있다. 성년후견인 지정을 위해서는 법원에 성년후견인 지정 신청서를 제출하고, 법원의 성년후견 개시 결정을 받아야 한다. 이후 후견인의 신분증 및 법적 서류, 피보험자의 치매 진단서 등을 제출해야 보험금을 청구할 수 있다. 이러한 복잡한 절차를 피하기 위해

[대리청구인 지정 여부에 따른 보험금 청구 비교]

	대리청구인 지정	대리청구인 미지정
보험금 청구인	대리청구인이 청구 가능	성년후견인이 청구 가능
청구인 지정절차	지정대리청구 서비스 신청	법원에 성년후견인 개시 신청 → 심판 → 성년후견인 지정
소요 시간	보험회사 신청 시 즉시 가능	신청 후 지정까지 상당기간 소요
비용	없음	인지대, 송달료 등 비용 발생
제출 서류	신청서, 대리청구인 신분증, 가족관계증명서 등	피후견인 기본증명서, 재산증명, 가족관계증명서, 가족 동의서 등

서는 보험 가입 시 미리 대리인을 지정해 두는 것이 매우 중요하다.

간병보험은 예상치 못한 상황에서 경제적 부담을 줄이고, 적절한 서비스를 받을 수 있도록 도와주는 중요한 보험이다. 따라서 가입 시에는 어떤 서비스가 필요한지 고려하여 적절한 상품을 선택해야 하며, 가입 후에는 청구 절차를 미리 숙지하고 필요한 서류를 철저히 준비하는 것이 필요하다. 특히 치매와 같이 인지능력이 저하될 수 있는 질환에 대비한 보험은 대리청구인 지정과 같은 사전 준비가 필수적이다.

후유장해 보험금청구

후유장해 보험금은 사고로 인해 신체에 영구적인 장해가 발생했을 경우 지급되는 중요한 보장이다. 그러나 많은 사람들이 후유장해 보험금의 청구 시기와 절차에 대해 정확히 알지 못해 적절한 보상을 받지 못하는 경우가 있다. 후유장해 보험금 청구에 있어 가장 핵심적인 개념은 사고 발생일이 아닌 '후유장해 판정일'이 기준이 된다는 점이다.

후유장해 보험금은 사고가 발생했다고 해서 즉시 청구할 수 있는 것이 아니다. 사고 직후에는 신체가 회복될 가능성이 있기 때문에 일정 기간이 지나 후유장해 여부를 평가해야 한다. 일반적으로 사고 후 6개월 이후부터 후유장해 판정이 가능하며, 이 시점에서 신체 상태가 더 이상 회복되지 않을 것으로 판단될 때 후유장해가 확정된다.

후유장해 보험금 청구는 후유장해 진단을 받은 날로부터 3년 이내에 가능하다. 여기서 중요한 것은 사고일이 아닌 후유장해가 확정된 날(후유장해 판정일)이 기준이 된다는 점이다. 따라서 사고 발생 후 10년이 지났더라도 후유장해 판정일이 최근이라면 보험금 청구가 가능하다.

또한, 후유장해 진단을 받은 적이 없다면 기간 제한 없이 청구할 수 있다. 보험사는 후유장해진단서에 기재된 판정일을 기준으로 청구 가능 여부를 판단하며, 후유장해가 사고로 인한 것인지 확인하기 위해 추가 서류를 요구할 수도 있다. 따라서 사고 후 장해가 발생힐 가능성이 있다면, 적절한 시기에 후유 장해진단서를 발급받아 보험금 청구를 준비하는 것이 중요하다.

[후유장해 보험금 청구 과정]

1. 보험사고 발생
2. 약 6개월 치료 후 주치의에게 후유장해 진단서 발급 문의
3. 후유장해 진단서 발급시 보험사에 후유장해 보험금 청구
4. 보험사 소속 손해사정사가 현장조사 등 실시
5. 보험사 서류 검토 후 보험금 지급

☑ 청구 과정에서 많은 분쟁이 발생

후유장해 보험금 청구 시 기본적으로 제출해야 하는 서류로는 보험금 청구서 및 개인(신용)정보처리동의서, 수익자 신분증 사본, 수익자 통장사본, 후유장해진단서 또는 일반진단서가 있다. 장해의 종류에 따라

추가적인 서류가 필요할 수 있으며, 특히 팔, 다리, 척추 관절운동장해의 경우 AMA 방식의 운동범위가 진단서에 기재되어 있어야 한다. 일부 장해(만성신부전, 사지절단, 인공관절치환술 등)의 경우 일반진단서로 대체할 수 있다. 후유장해 보험금 청구 시에는 몇 가지 주의사항을 염두에 두어야 한다.

 우선, 보험 가입 시기에 따라 구비 서류와 지급 기준이 다를 수 있으므로 가입 당시 적용된 약관을 확인하는 것이 중요하다. 또한 진단서 내용이 중요한 역할을 하므로, 특히 후유장해진단서에는 장해 정도와 판정일이 정확히 기재되어 있어야 한다. 사고와 후유장해 간의 인과관계를 증명하는 것도 중요하다. 보험사는 후유장해가 해당 사고로 인해 발생한 것인지 검토하기 때문에, 필요 시 추가 서류 제출을 요구할 수 있다. 후유장해 보험금 청구는 절차가 복잡할 수 있으므로, 보험 전문가나 변호사와 상담하는 것이 도움이 될 수 있다.

 후유장해 보험금 청구가 가능한 대표적인 질병으로는 인공관절치환술, 치매, 디스크, 장기이식, 치아결손, 청력장해, 류마티스 관절염, 혈액투석이 필요한 신부전 등이 있다. 이 외에도 다양한 질환이 후유장해 보험금 청구 대상이 될 수 있으므로, 후유장해 진단을 받았다면 보험사에 문의하여 청구 가능 여부를 확인하는 것이 필요하다.

Chapter 3.
재산 및 책임 관련 보험 청구

배상책임보험 보험금청구

배상책임보험은 일상생활이나 사업 활동 중 발생할 수 있는 타인에 대한 피해를 보상하는 중요한 보험 상품이다. 사고가 발생했을 때 적절한 보상을 받기 위해서는 올바른 서류 준비와 청구 절차 이행이 필수적이다. 배상책임보험 보험금 청구 시 필요한 서류와 절차는 다음과 같다.

배상책임보험 청구 시 공통적으로 필요한 서류로는 우선 보험금청구서가 있다. 이는 보험사에서 제공하는 양식을 사용해야 한다. 또한 보험금 청구를 위한 상세동의서도 제출해야 하는데, 이 역시 보험사 양식을 사용하며 개인정보 제공 동의 내용이 포함되어 있다. 그리고 피보험자의 신분증 사본(미성년자 제외)과 주민등록등본(중복보험 확인용)도 기본 제출 서류이다. 특히 중요한 것은 사고경위서인데, 이는 6하 원칙(언제, 어디서, 누구에게, 무엇을, 어떻게, 왜)에 따라 사고 상황을 구체적으로 설명해야 한다. 사고경위서는 보험사가 사고의 책임 소재와 보상 범위를 판단하는 중요한 근거가 되므로, 사실에 기반하여 정확하고 상세하게 작성해야 한다.

[배상책임 보험서류]

피보험자
- √ 보험금 청구서 ─────────────────── 보험회사
- √ 개인(신용)정보처리동의서 ─────────── 보험회사
- √ 사업자등록증 사본(사업자의 경우) ─────── 민원24/홈텍스
- √ 주민등록등본 ─────────────── 주민센터/민원24
- √ 사고경위서(언제, 어디서, 누구와, 무엇을, 어떻게 되었는지 작성) ──── 보험회사
- √ 사고현장 사진(4매 이상) ─────────────── 청구인

피해자
- √ 개인(신용)정보처리동의서(보험금 청구를 위한 필수 동의서) ──── 보험회사
- √ 신분증 사본 ──────────────────── 청구인

기타
- √ 가족관계 확인이 필요한 경우
- √ 가족관계확인서류(예:가족관계증명서, 혼인관계증명서 등) ──── 주민센터
- 대리인 보험금 청구 시
  - 위임장 원본(인감날인) ────────────── 보험회사
  - 보험금 청구권자의 인감증명서 원본(또는 본인서명사실확인서) ── 주민센터
- √ 피보험자 선 합의 시
  - 합의금입금증(계좌이체이력) ──────────── 보험회사/은행

    사고 유형에 따라 추가적인 서류 제출이 필요하다. 먼저 대인배상, 즉 타인의 신체에 부상을 입힌 경우에는 피해자의 치료 과정과 손해를 입증할 수 있는 서류가 필요하다. 진단서 또는 진료확인서(진단코드 포함), 초진차트(최초 진료 시 작성된 의료 기록), 진료비 계산서 및 세부 내역서(치료비 상세 명세 포함), 그리고 입원 시에는 입퇴원확인서가 필수적으로 제출되어야 한다.

대물배상, 즉 타인의 물건이 손상되거나 파손된 경우에는 손해 금액을 산정할 수 있는 서류를 준비해야 한다. 피해물 파손 사진 및 수리 후 사진(사고 전후 비교 가능하도록 촬영), 수리비 견적서 및 영수증(수리 비용을 증빙할 수 있는 자료), 피해물 구입 시기 및 가격 증빙 서류(영수증, 제품 구매 내역 등)가 필요하다. 또한 차량 피해가 발생한 경우에는 차량등록증 사본을 추가로 제출해야 한다.

배상책임보험 청구 절차는 일반적으로 다음과 같이 진행된다. 먼저 사고 발생 시 즉시 보험사에 사고 접수를 해야 한다. 이때 간략한 사고 상황과 피해 내용을 알려주고, 필요한 서류에 대한 안내를 받는 것이 좋다. 다음으로 필요한 서류를 준비하여 보험사에 제출한다. 서류 제출 후에는 보험사의 사고 조사 과정이 진행되며, 이 과정에서 보험사는 추가 서류를 요청하거나 현장 조사를 실시할 수 있다. 보험사의 조사가 완료되면 보상 여부와 보상 금액이 결정된다. 보상이 결정되면 청구인의 계좌로 보험금이 지급된다. 만약 보상 결정에 이의가 있는 경우, 보험사에 재심사를 요청하거나 금융감독원에 민원을 제기할 수 있다.

[보험금 청구 시 필요 서류]

가전제품 수리비용청구 필요 서류
- ☑ 모델명/제조년월 스티커 사진
- ☑ 수리업체 소견서
  (수리원인확인용.수리업체 발급 요청)
  견적서 또는 영수증에 내역 확인될 시 생략 가능
- ☑ 수리 견적서
  영수증에 수리 내역 확인될 시 생략 가능
- ☑ 결제영수증
- ☑ 청구하는 가전제품 전체적인 사진

급배수누출/누수 시 필요 서류
- ☑ 우리 집 공사 서류(소견서, 견적서, 결제 기록)
- ☑ 아랫집(피해자) 공사 서류(견적서, 결제 기록)
- ☑ 공사 사진(이메일, 휴대폰 전송만 가능)
  - 우리 집 : 누수 발생 원인 부분 수리 전/후, 과정
  - 아랫집 : 피해 부분 수리 전/후

배상책임보험 청구 시 주의할 점으로는, 사고 발생 즉시 보험사에 통보하는 것이 중요하다. 늦게 통보할 경우 사고 조사가 어려워질 수 있고, 이로 인해 보상이 지연되거나 거절될 수 있다. 또한 사고경위서 작성 시 정확한 사실만을 기재해야 하며, 과장이나 허위 내용은 보험 사기로 간주될 수 있으므로 주의해야 한다.

마지막으로, 피해자와의 개인적인 합의나 보상 약속은 보험사와 상의 없이 진행하지 않는 것이 좋다. 이러한 행동은 추후 보험사의 보상 결정에 영향을 미칠 수 있기 때문이다. 보험금 청구 과정에서 궁금한 점이나 어려움이 있다면, 보험사의 고객센터나 담당자에게 문의하여 도움을 받는 것이 바람직하다.

화재 발생 시 필요한 보험금 청구 서류

화재는 예고 없이 찾아와 큰 손실을 초래할 수 있는 재난이다. 이러한 피해를 경제적으로 보상받기 위해 가입한 화재보험의 보험금을 청구할 때는 적절한 서류 준비가 필수적이다. 화재 발생 시 필요한 보험금 청구 서류는 보험사와 사고 유형에 따라 차이가 있을 수 있으나, 일반적으로 공통 서류와 피해 유형별 추가 서류로 구분된다.

공통 서류

화재보험 보험금 청구 시 기본적으로 필요한 공통 서류는 다음과 같다. 첫째, 보험금 청구서가 필요하다. 이는 각 보험사에서 제공하는 양식을 사용하며, 청구인의 정보와 사고 내용, 청구 금액 등을 기재한다.

둘째, 개인(신용)정보처리동의서가 필요하다. 이는 보험사가 보험금 지급을 위해 청구인의 정보를 처리할 수 있는 법적 근거가 된다.

 셋째, 신분증 사본이 필요하다. 청구인의 신원 확인을 위한 기본 서류로, 주민등록증이나 운전면허증 등이 해당된다.

 넷째, 통장 사본이 필요할 수 있다. 이는 보험금을 받을 계좌가 보험사에 사전 등록되지 않은 경우에 제출해야 한다. 다섯째, 화재증명원은 필수적인 서류이다. 이는 소방서에서 발급받을 수 있으며, 화재 발생 사실과 그 원인, 피해 규모 등을 공식적으로 증명해주는 문서이다. 마지막으로, 사고 경위서가 필요하다. 이는 화재가 어떻게 발생했는지, 어떤 과정으로 확산되었는지 등 사고 상황을 상세히 기술한 문서이다.

피해 유형별 추가 서류

 화재 피해는 그 대상에 따라 건물, 기계 및 비품, 동산 및 재고, 가재도구 등으로 구분될 수 있으며, 각각의 경우 추가적인 서류가 필요하다.

건물 관련 서류

 건물에 화재 피해가 발생한 경우, 건물의 소유관계와 피해 상황을 증명하기 위한 서류가 필요하다. 건물등기부등본은 해당 건물의 소유권 정보를 확인할 수 있는 공식 문서이다. 건축물관리대장은 건물의 면적, 구조, 용도 등 세부 정보가 기록된 문서로, 피해 규모를 산정하는 데 중요한 참고 자료가 된다.

 수리비 견적서와 영수증은 실제 발생한 수리 비용을 증명하는 서류이다. 견적서는 수리 전 예상 비용을, 영수증은 실제 지출된 비용을 보여준다. 임대 건물의 경우, 임대차계약서 사본이 추가로 필요하다. 이는 건물 사용권의 법적 관계를 증명하고, 임차인의 권리와 책임 범위를 확인하는 데 사용된다.

기계 및 비품 관련 서류

 기계나 비품에 화재 피해가 발생한 경우, 해당 물품의 소유와 가치를 증명하는 서류가 필요하다. 기계기구 명세서는 피해를 입은 기계나 장비의 목록, 규격, 구입 시기 등을 기록한 문서이다. 구입 영수증이나 신품가격 견적서는 해당 물품의 가치를 증명하는 서류로, 원래의 구매 가격이나 현재 시장에서의 대체 비용을 보여준다.
 수리비 견적서와 영수증은 기계나 비품의 수리에 필요한 비용을 증명한다. 경우에 따라 감정평가서가 필요할 수 있는데, 이는 전문 감정사가 피해 물품의 가치나 수리 가능성을 평가한 공식 문서이다.

동산 및 재고 관련 서류

 사업장의 재고나 이동 가능한 자산에 피해가 발생한 경우, 이를 증명하기 위한 서류가 필요하다. 재고 및 손해 명세서는 피해를 입은 재고의 종류, 수량, 가치 등을 상세히 기록한 문서이다. 재고장부와 원가계산서는 평소 보유하고 있던 재고의 양과 가치를 증명하는 회계 자료이다.
 거래명세서나 작업지시서 등은 재고의 이동이나 생산 과정을 추적할 수 있는 문서로, 실제 보유했던 재고를 증명하는 데 도움이 된다.

가재도구 관련 서류

가정 내 가재도구에 피해가 발생한 경우, 해당 물품의 소유와 가치를 증명하는 서류가 필요하다. 가재도구 명세서는 피해를 입은 가전제품, 가구, 의류 등의 목록과 구입 연월일을 기록한 문서이다. 신품가격 견적서나 수리비 영수증은 해당 물품의 가치나 수리 비용을 증명하는 서류이다.

기타 참고 사항

화재보험 보험금 청구 시 추가적으로 고려해야 할 사항들이 있다. 사진 및 동영상 증거는 매우 중요한 자료이다. 화재 직후의 현장 상태를 기록한 사진이나 동영상은 피해 규모와 상태를 직접적으로 보여주는 증거로, 가능한 한 많이 확보하는 것이 좋다. 다양한 각도에서 전체적인 피해 상황과 개별 피해 물품의 상태를 상세히 촬영해두면 보험금 청구 과정에서 큰 도움이 된다.

경찰이나 소방서에서 발급하는 사고 증명서도 중요한 공식 문서이다. 화재의 경우 소방서에서 발급하는 화재증명원이 필수적이며, 화재와 함께 도난이 발생한 경우에는 경찰서에서 발급하는 도난 신고 확인서도 필요할 수 있다.

보험금 청구의 시효도 중요한 고려사항이다. 보험금 청구는 사고 발생일로부터 3년 이내에 진행해야 한다. 이 기간이 지나면 청구권이 소멸되므로, 화재 발생 후 가능한 빨리 보험금 청구 절차를 시작하는 것이 바람직하다.

가전제품수리보험 보험금 청구

 가전제품의 고장은 일상생활에 큰 불편을 초래할 뿐만 아니라, 수리비용도 만만치 않게 발생한다. 다행히 가전제품 수리비용을 보장해주는 보험 상품들이 있어 경제적 부담을 덜 수 있다. 가전제품 수리에 대한 보험금을 청구하기 위해서는 몇 가지 필요한 서류와 절차를 알아두는 것이 중요하다.

 가전제품 수리비용에 대한 보험특약에 가입되어 있는 경우 (예를 들어 12대가전제품수리비용 보험특약, 20대가전제품수리비용보험특약등) 해당 보험금 청구 시 필요한 서류는 일반적으로 몇 가지 공통적인 서류들이 요구된다.

[공통 제출 서류 리스트]

보험금 청구서	✓
신분증 사본	✓
수리 견적서 및 영수증	✓
수리 제품 사진 / 제품 라벨 사진	✓
사고 증명서 (필요 시)	✓
통장 사본	✓
개인(신용)정보처리 동의서	✓
수리기사 확인서 (요구 시)	✓

먼저, 보험금 청구서가 필요하다. 이는 보험사에서 제공하는 양식으로 작성하며, 피보험자 정보와 사고 내용, 청구 금액 등을 기재한다. 또한 피보험자의 신분 확인을 위해 신분증 사본도 제출해야 한다.

수리 영수증 및 견적서는 보험금 청구에 있어 가장 핵심적인 서류이다. 공식 A/S 지정점에서 발급한 수리비 내역서와 영수증을 통해 실제 발생한 수리 비용을 증명할 수 있다. 이와 함께 수리 대상 제품의 사진과 제품 라벨 사진도 필요하다. 제품 라벨에는 모델명, 제조년월일 등이 표시되어 있어 보험 적용 가능 여부를 판단하는 중요한 정보가 된다. 경우에 따라 사고 증명서가 요구될 수 있다. 이는 사고 경위나 고장 원인을 설명하는 서류로, 보험 약관상 보장 대상인지 확인하는 데 사용된다. 보험금 지급을 위한 계좌 정보 제공을 위해 통장 사본도 제출해야 한다. 또한 개인(신용)정보처리 동의서는 보험금 청구를 위해 필수적으로 제출해야 하는 서류이다.

일부 경우에는 수리기사 확인서가 추가로 요구될 수 있다. 이는 수리기사 또는 수리업체에서 작성한 확인서로, 고장 원인과 수리 내용을 전문가가 증명하는 문서이다.

가전제품 수리 보험금 청구 시 알아두어야 할 몇 가지 추가 사항이 있다. 먼저, 대부분의 보험사는 제조된 지 10년이 넘은 제품에 대해서는 보상을 제공하지 않는다. 따라서 오래된 가전제품일 경우 보험 적용이 되지 않을 수 있으니 미리 확인이 필요하다. 또한 보험금 청구는 사고 발생일로부터 3년 이내에 해야 한다는 시효가 있다.

일부 보험 상품은 본인 부담금을 설정하고 있다. 예를 들어, 출장비나 공임비 등 일정 금액은 피보험자가 부담하고, 나머지 실비만 보험사에서 지급하는 방식이다. 이러한 본인 부담금 규정은 보험 약관마다 다를 수 있으므로 가입 시 꼼꼼히 확인하는 것이 좋다.

Chapter 4.
청구 후 꼭 알아야 할 것들

　보험금을 청구한 후에는 단순히 결과를 기다리는 것만으로는 충분하지 않다. 청구 과정의 전체적인 흐름을 주의 깊게 관찰하고 세심하게 대응해야 한다. 이는 자신의 권리를 제대로 보호받기 위한 필수적인 과정이다. 보험금 청구 심사 과정은 복잡하고 때로는 지루할 수 있다.

　일반적으로 보험사는 접수된 청구서류를 면밀히 검토하며, 이 과정은 사안의 복잡성에 따라 며칠에서 몇 주까지 소요될 수 있다. 평균적으로 간단한 청구의 경우 1-2주, 복잡한 사례는 4-6주 정도 걸릴 수 있다. 따라서 인내심을 가지고 진행 상황을 주기적으로 확인하는 것이 중요하다. 심사 과정 중 발생할 수 있는 가장 큰 리스크는 지급 거절이다. 보험사가 보험금 지급을 거절하는 주요 이유는 보통 약관 미충족, 불충분한 증빙자료, 고의성 의심 등이다. 만약 지급이 거절된다면 즉시 이의제기 절차를 진행해야 한다.

　이를 위해서는 거절 사유를 정확히 파악하고, 추가적인 증빙자료를 준비해야 한다. 이의제기 과정은 체계적으로 접근해야 한다. 먼저 거절 통지서를 꼼꼼히 읽고 거절 근거를 명확히 이해해야 한다. 그다음 해당 사유에 대한 반박 자료를 수집하고, 보험사에 공식적인 이의신청서를 제출해야 한다. 이때 의료기관의 추가 소견서나 객관적인 증거자료가 큰 도움이 될 수 있다.

보험금 청구 과정에서 가장 중요한 것은 투명성과 정직성이다. 모든 정보와 증빙자료는 정확하고 진실되어야 하며, 어떠한 허위 정보도 포함되어서는 안 된다. 설령 작은 허위 정보라도 발견되면 전체 청구가 무효화될 수 있으며, 향후 보험 가입 자체에 심각한 제약이 발생할 수 있다. 증빙자료 관리도 매우 중요하다. 모든 청구 관련 서류와 통신 기록을 체계적으로 보관해야 한다. 이메일, 우편, 통화 기록 등 모든 자료를 시간 순서대로 정리하고 보관하면, 나중에 분쟁이 발생했을 때 자신의 입장을 방어하는 데 큰 도움이 된다.

또한 보험사와의 소통에 적극적이어야 한다. 정기적으로 진행 상황을 확인하고, 필요한 경우 추가 정보를 신속하게 제공해야 한다. 때로는 전화나 이메일을 통해 직접 담당자와 소통하면서 진행 상황을 파악하는 것이 중요하다. 이러한 적극적인 태도는 보험금 청구 과정을 더욱 원활하게 만들어줄 것이다.

심사 과정과 소요 시간

보험금 청구 후 심사 과정은 대부분의 보험사에서 비슷한 절차를 따른다. 일반적으로 보험금 청구서를 접수한 후부터 최종 심사 결과가 나오기까지는 평균적으로 7~14일 정도의 시간이 소요된다. 하지만 사건의 복잡성과 제출된 서류의 완성도에 따라 이 기간은 달라질 수 있다.

심사 과정은 크게 세 단계로 나눌 수 있다. 먼저 청구인이 제출한 서류의 기본적인 요건을 확인하는 단계가 있다. 이 과정에서는 제출된 서류의 누락 여부, 기본 정보의 정확성, 그리고 청구 사유의 적절성을 검토한다. 만약 서류에 문제가 있거나 추가 자료가 필요한 경우 보험사는 청구인에게 추가 서류를 요청할 것이다.

두 번째 단계는 심층 조사 및 검증 단계이다. 보험사는 제출된 서류를 면밀히 검토하고, 필요한 경우 관련 기관이나 의료진에게 추가 확인을 진행한다. 특히 질병이나 상해와 관련된 보험금 청구의 경우, 의료기록을 상세히 검토하고 청구 사유의 정당성을 확인한다. 이 과정은 사건의 복잡성에 따라 일주일에서 한 달까지 소요될 수 있다.

마지막 단계는 최종 심사 및 결정 단계이다. 보험사 내부의 심사위원회에서 모든 자료를 종합적으로 검토하고 보험금 지급 여부를 최종 결정한다. 이 과정에서 청구인에게 유리하거나 불리한 판단이 내려질 수 있으므로, 제출된 서류의 완성도가 매우 중요하다. 만약 서류가 명확하고 청구 사유가 타당하다면 보험금 지급 결정이 빠르게 이루어질 것이다. 청구인은 이 기간 동안 인내심을 가지고 보험사의 연락을 주의 깊게 기다려야 한다. 만약 추가 서류나 정보 요청이 있다면 신속하게 대응해야 한다. 또한 중간에 보험사에 문의할 때는 차분하고 명확한 태도로 소통하는 것이 중요하다. 모든 과정은 투명하고 공정하게 진행되며, 청구인의 적극적인 협조가 심사 속도를 높일 수 있다.

[보험금 청구 심사 절차 요약]

보험금 청구 심사 기간은 개인마다, 보험 상품마다 다를 수 있으므로 정확한 기간을 예측하기는 어렵다. 그러나 평균적으로 2-4주 정도의 시간을 예상하고 여유를 가지는 것이 좋다. 급하게 서두르거나 성급한 태도는 오히려 심사 과정에 부정적인 영향을 미칠 수 있으니 주의해야 한다.

지급 거절 사유와 이의제기 방법

보험금 청구 과정에서 가장 좌절감을 느낄 수 있는 순간은 바로 보험사로부터 지급 거절 통보를 받았을 때이다. 하지만 이는 절대 최종적인 결과가 아니며, 여러 대응 방안이 존재한다는 점을 명확히 알아두어야 한다. 보험금 지급 거절의 주요 원인은 크게 몇 가지로 나눌 수 있다. 첫째, 보험약관상 보장 범위에 해당하지 않는 경우이다. 예를 들어, 특정 질병이나 상해가 보험 계약 당시 명시된 면책 조항에 포함되어 있다면 보험사는 지급을 거절할 수 있다. 둘째, 고의적인 사고나 고지 의무 위반과 같은 법적 문제가 발생했을 때도 거절 사유가 된다. 셋째, 제출한 증빙 서류의 불충분함이나 허위 정보 제공도 주요한 거절 원인이 될 수 있다. 이의제기 절차는 매우 체계적이고 단계적으로 진행된다.

[이의제기 절차 단계별 흐름도]

보험사 거절 통보 확인
∨
거절 사유 분석 및 서류 준비
∨
보험사 고객센터·홈페이지 통해 이의제기 접수
∨
결과에 동의하지 않는 경우 : 금융감독원/보험분쟁조정위원회 신청
∨
추가 조정이 필요한 경우 법적 대응 검토

 우선 거절 통보서를 꼼꼼히 확인하고 거절 근거를 정확히 파악해야 한다. 각 보험사는 이의제기를 위한 공식적인 절차를 마련해두고 있으므로, 해당 보험사의 고객센터나 홈페이지를 통해 구체적인 방법을 확인할 수 있다. 이의제기 시 가장 중요한 것은 객관적이고 명확한 추가 증거 자료를 준비하는 것이다. 의료 진단서, 사고 증명서, 전문가 소견서 등 신뢰할 수 있는 문서들을 확보하여 보험사에 제출해야 한다. 이때 단순히 서류를 나열하기보다는 왜 해당 보험금 지급이 정당한지 논리적으로 설명하는 것이 중요하다.
 만약 보험사의 1차 이의제기 결과에 만족하지 못할 경우, 금융감독원이나 보험분쟁조정위원회 같은 외부 기관에 분쟁 조정을 신청할 수 있다. 이러한 기관들은 보험사와 고객 사이의 공정한 중재 역할을 수행하며, 전문적인 관점에서 분쟁을 조정한다. 법적 대응도 고려해볼 수 있는 방법이다. 변호사와 상담하여 소송 가능성을 타진하고, 보험사의 부당한 거절에 대응할 수 있다. 다만, 소송은 시간과 비용이 많이 소요되

므로 신중하게 결정해야 한다. 마지막으로, 이의제기 과정에서 감정적이거나 공격적인 태도는 오히려 역효과를 낼 수 있다. 항상 전문적이고 차분한 태도로 대응하며, 객관적인 사실과 증거를 바탕으로 소통해야 한다. 끈기와 인내심을 가지고 차근차근 접근한다면 긍정적인 결과를 이끌어낼 가능성이 높아질 것이다.

분쟁 예방을 위한 팁: 증빙자료 철저·약관 재확인

 보험금 청구 과정에서 분쟁을 미연에 방지하기 위해서는 체계적이고 철저한 준비가 필수적이다. 증빙자료의 완벽한 준비와 약관에 대한 깊이 있는 이해는 보험금 청구의 성공을 결정짓는 핵심 요소라고 할 수 있다. 이는 단순히 서류를 모으는 것을 넘어 자신의 권리를 보호하고 정당한 보상을 받기 위한 중요한 전략이다.

[약관 재확인 시 중요하게 체크해야 할 요소]

확인해야 할 약관 항목	설명
보험금 지급 조건	보장 범위와 지급 기준 확인
면책 조항	보장이 제외되는 경우 확인
대기 기간	특정 질병에 대한 보장 개시 시점
청구 기한	보험금 청구 가능 기간
필수 제출 서류	보험금 청구 시 필수 서류 목록

 증빙자료 준비에 있어 가장 중요한 것은 포괄성과 정확성이다. 모든 관련 서류를 빠짐없이 수집해야 하며, 각 서류는 원본이나 공식적으로 인정되는 사본이어야 한다. 예를 들어 의료보험의 경우 진단서, 진료기

록지, 영수증 등을 철저히 보관해야 한다. 이때 단순히 서류를 모으는 것을 넘어 각 서류의 세부 내용을 꼼꼼히 확인하고 정리하는 것이 중요하다. 약관 재확인은 또 다른 핵심적인 분쟁 예방 전략이다. 보험 약관은 대부분 복잡하고 전문적인 용어로 가득 차 있어 일반인이 이해하기 어려울 수 있다. 그러나 약관을 정확히 이해하지 못하면 불필요한 분쟁에 휘말릴 수 있다. 따라서 보험 계약 당시뿐만 아니라 청구 직전에도 약관을 꼼꼼히 검토하고, 이해되지 않는 부분은 보험사 담당자에게 직접 문의하는 것이 좋다.

특히 주목해야 할 부분은 보험금 지급 조건, 면책 조항, 청구 기간 등이다. 이러한 세부 사항을 미리 파악하면 불필요한 청구 거절을 사전에 방지할 수 있다. 예를 들어 특정 질병의 대기 기간이나 보장 범위를 사전에 정확히 알고 있다면, 불필요한 혼란을 막을 수 있다. 증빙자료 관리에 있어 또 다른 핵심은 디지털화와 백업이다. 원본 서류뿐만 아니라 스캔본이나 사진 등을 안전하게 보관하고, 여러 경로로 백업해두는 것이 중요하다. 클라우드 저장소나 외장하드 등을 활용하여 서류 분실의 위험을 최소화해야 한다.

디테일한 기록 관리도 빼놓을 수 없는 중요한 전략이다. 보험금 청구와 관련된 모든 통신 기록, 상담 내용, 제출한 서류의 날짜와 시간 등을 꼼꼼히 기록하고 보관해야 한다. 이러한 세심한 기록은 향후 발생할 수 있는 분쟁 상황에서 강력한 방어 수단이 될 수 있다.

결론적으로 보험금 청구에서 분쟁을 예방하기 위해서는 증빙자료에 대한 철저한 준비와 약관에 대한 깊이 있는 이해가 필수적이다. 단순히 서류를 모으는 것을 넘어 체계적이고 전략적인 접근이 필요하며, 이는 정당한 보험금 수령의 핵심 열쇠가 될 것이다.

[증빙자료 관리 방법]

Chapter 5.
보험금 청구 가이드

보험금 청구 시 유의사항

보험금 청구는 단순한 서류 작업이 아니라 매우 세심하고 전략적인 접근이 필요한 과정이다. 보험회사와의 소통에서 실수는 곧바로 청구 거절로 이어질 수 있기 때문에 각별한 주의가 요구된다. 따라서 청구 과정에서 몇 가지 핵심적인 원칙을 반드시 지켜야 한다.

첫째, 청구 기한을 절대적으로 준수해야 한다. 대부분의 보험 약관에는 사고나 질병 발생 후 특정 기간 내에 보험금을 청구해야 한다고 명시되어 있다. 이 기간을 놓치면 보험금 청구 자체가 무효화될 수 있으므로 사고 발생 즉시 기한을 확인하고 신속하게 대응해야 한다. 특히 질병이나 상해와 관련된 보험의 경우 치료 직후 바로 청구 절차를 시작하는 것이 가장 중요하다. 둘째, 제출하는 모든 정보와 서류는 100% 정확해야 한다. 작은 오류나 불일치도 보험사의 심사 과정에서 큰 문제를 야기할 수 있다. 의료기록, 사고 증명서, 영수증 등 모든 서류를 꼼꼼히 점검하고 누락된 부분이 없는지 확인해야 한다. 특히 개인정보, 사고

일시, 치료 내용 등은 세밀하게 대조해야 한다. 셋째, 보험사와의 소통은 투명하고 명확해야 한다. 모호한 표현이나 불완전한 설명은 피해야 하며, 필요한 경우 추가 서류나 설명을 요청받을 때 신속하게 대응해야 한다. 전문용어를 사용하거나 감정에 치우치지 않고 객관적이고 사실에 근거한 커뮤니케이션을 유지해야 한다.

넷째, 보험 약관을 철저히 숙지해야 한다. 많은 사람들이 보험 가입 시 약관을 제대로 읽지 않고 넘어가지만, 이는 매우 위험한 태도다. 보험금 청구 과정에서 약관의 세부 조항들이 중요한 역할을 할 수 있기 때문이다. 특히 보장 범위, 면책 조항, 청구 조건 등을 사전에 정확히 이해해야 한다. 다섯째, 모든 증거와 증빙자료를 체계적으로 관리해야 한다. 사고나 질병과 관련된 모든 영수증, 진단서, 치료 기록, 통신 내용 등을 시간 순서대로 정리하고 보관해야 한다.

디지털 파일과 원본 서류를 동시에 관리하는 것이 좋으며, 필요한 경우 공증을 받는 것도 고려해볼 수 있다. 마지막으로, 감정에 휩싸이거나 조급해하지 말아야 한다. 보험금 청구 과정은 시간이 걸릴 수 있으며, 감정적으로 대응하면 오히려 불리한 상황을 만들 수 있다. 침착하고 이성적인 접근이 가장 효과적인 전략이다. 이러한 원칙들을 철저히 준수한다면 보험금 청구의 성공 확률을 크게 높일 수 있다. 중요한 것은 세심함, 정확성, 그리고 인내심이다.

보험금 청구 관련 자주 묻는 질문

보험금 청구는 많은 가입자들에게 복잡하고 어려운 과정으로 느껴질 수 있다. 특히 질병이나 사고로 인한 스트레스 상황에서 보험금 청구 절차에 대한 명확한 이해는 더욱 중요하다. 다음은 보험금 청구와 관련해 가입자들이 자주 묻는 질문과 답변을 상세히 정리한 내용이다.

1 보험금 청구는 언제까지 해야 하나?

보험금 청구 기한에 관한 질문이 가장 흔하다. 일반적으로 보험금 청구는 사고 발생일 또는 진단 확정일로부터 3년 이내에 이루어져야 한다. 이는 상법의 보험금 청구권 소멸시효 규정에 따른 것이다. 특히 후유장해보험금의 경우에는 사고일이 아닌 후유장해 판정일을 기준으로 3년의 청구 기한이 적용된다. 따라서 사고 후 상당한 시간이 지났더라도 후유장해 판정을 최근에 받았다면 청구가 가능하다.

2 보험금 청구 시 필요한 필수서류는?

보험금 청구 시 필요한 서류는 청구 유형에 따라 다양하다. 기본적으로 모든 청구에는 보험금청구서와 개인정보처리동의서, 피보험자의 신분증 사본, 보험금 수익자의 통장 사본이 필요하다. 의료 관련 보험금 청구 시에는 병원 진단서, 입퇴원 확인서, 진료비 영수증 등 의료 기록이 추가로 필요하며, 특정 보험상품에 따라 추가 서류가 요구될 수 있다. 예를 들어 운전자보험에서는 교통사고사실확인원이나 벌금납부 영수증 등이 필요할 수 있다.

3 온라인으로 보험금 청구가 가능한가?

 최근에는 대부분의 보험사가 온라인 청구 시스템을 운영하고 있다. 보험사 홈페이지 또는 모바일 앱을 통해 필요한 서류를 업로드하고 청구 절차를 진행할 수 있어 편리하다. 특히 실손의료보험의 경우 소액 청구는 간편하게 모바일로 처리할 수 있는 경우가 많다.

4 실손보험금과 다른 보험금을 동시에 청구할 수 있나?

 보험금 중복 청구 가능 여부도 자주 묻는 질문이다. 실손보험과 정액보험(진단비, 수술비 등)은 성격이 다르므로 중복 청구가 가능하다. 실손보험은 실제 부담한 의료비를 보상하는 반면, 정액보험은 약정한 금액을 지급하는 방식이다. 따라서 동일한 사고나 질병에 대해 두 가지 모두 청구할 수 있다. 다만, 여러 실손의료보험에 가입한 경우에는 비례보상 원칙이 적용된다.

5 보험금 지급까지 얼마나 걸리나?

 보험금 지급까지 걸리는 시간은 일반적으로 청구 후 3~7일 이내다. 그러나 복잡한 사고나 고액 보험금, 심사가 필요한 경우에는 더 오래 걸릴 수 있다. 보험사는 보험금 청구서류를 접수한 날부터 3영업일 이내에 보험금을 지급하는 것이 원칙이나, 조사나 확인이 필요한 경우 최대 30영업일까지 연장될 수 있다.

6 진단서 없이 보험금을 청구할 수 있나?

일부 보험금은 진단서 없이도 청구가 가능하다. 특히 실손보험의 소액 외래 치료비는 진료비계산서와 처방전만으로도 청구할 수 있는 경우가 많다. 하지만 고액 보험금이나 특정 보험상품(예: 암진단비, 입원비 등)은 전문의가 발행한 진단서가 필수적으로 요구된다.

7 가족이 대신 보험금을 청구할 수 있나?

가족이 대신 보험금을 청구하는 것도 가능하다. 다만, 대리인이 청구할 경우에는 위임장과 가족관계증명서가 필요하다. 특히 고령자나 중증 환자의 경우 직접 청구가 어려울 수 있으므로, 가족이 대신 청구할 수 있는 방법을 미리 알아두는 것이 좋다.

8 보험금 청구가 거절될 수도 있나?

보험금 청구가 거절되는 경우도 있다. 보험 약관에서 보장하지 않는 사항이거나, 가입 시 고지의무를 위반한 경우에는 보험금이 지급되지 않을 수 있다. 또한 면책기간 내 발생한 사고나 질병, 보험 가입 전 이미 존재했던 질병에 대해서도 보험금이 지급되지 않는 경우가 많다.

9 보험사에서 추가 서류 요청을 하면 반드시 제출해야 하나?

보험사에서 추가 서류를 요청하는 경우, 보험금 지급 심사를 위해 필요하다면 제출해야 한다. 그러나 불필요하게 과도한 서류를 요구한다고 판단되면, 보험사에 요청 이유를 물어볼 수 있다. 필요하다면 금융감독원에 문의하여 적절한 서류 요청인지 확인할 수도 있다.

10 사망보험금 청구는 누가 할 수 있나?

사망보험금은 보험 계약 시 지정된 수익자가 청구할 수 있다. 만약 지정된 수익자가 없거나 사망한 경우에는 법정상속인이 청구 가능하다. 이 경우 가족관계증명서나 상속관계를 증명할 수 있는 서류가 추가로 필요하다.

11 해외에서 치료받은 경우 보험금 청구가 가능한가?

해외에서 치료받은 경우에도 보험금 청구가 가능하다. 특히 실손의료보험은 해외 치료비도 보장하는 경우가 많지만, 해외 진료비 영수증과 함께 한글 번역본이 필요하다. 또한 일부 보험상품은 해외 치료비를 보장하지 않을 수도 있으므로, 가입한 보험의 약관을 확인하는 것이 중요하다.

12 이미 치료를 끝낸 후에도 보험금 청구가 가능한가?

이미 치료를 마친 후에도 보험금 청구는 가능하다. 보험 약관상 청구기한인 3년 이내라면 언제든지 청구할 수 있다. 따라서 치료를 받은 후 시간이 지났더라도 관련 영수증과 진료기록을 보관해 두는 것이 좋다.

13 보험금 지급이 지연되는 경우 어떻게 해야 하나?

보험금 지급이 지연되는 경우, 우선 보험사에 지연 사유를 문의해 볼 수 있다. 만약 보험사가 정당한 이유 없이 보험금 지급을 지연한다면, 금융감독원에 민원을 제기하거나 금융분쟁조정위원회에 조정을 신청할 수 있다. 보험사의 지급 지연에 대해서는 지연이자가 발생하므로,

이에 대한 권리도 주장할 수 있다.

14 자녀가 대신 부모의 보험금을 청구할 수 있나?

 자녀가 부모의 보험금을 대신 청구하는 경우, 특히 부모가 치매 등으로 직접 청구가 어려운 상황에서는 대리청구인 지정이 필요하다. 만약 대리청구인이 지정되어 있지 않다면, 법적 후견인 지정 절차를 거쳐야 한다. 이는 시간과 비용이 많이 소요되므로, 고령의 부모님이 있는 경우 미리 대리청구인을 지정해 두는 것이 좋다.

15 보험금을 받은 후에도 추가 청구가 가능한가?

 보험금을 이미 받았더라도 추가 청구가 가능한 경우가 있다. 동일 사고에 대해 추가 치료가 필요한 경우나 실손보험에서 일정 기간 내 동일 질병으로 재진료를 받을 경우, 추가로 발생한 의료비에 대해 보험금을 청구할 수 있다. 특히 장기간 치료가 필요한 질병이나 상해의 경우, 치료 과정에서 지속적인 보험금 청구가 가능하다.

 보험금 청구는 보험 약관과 상품별 규정에 따라 절차와 필요 서류가 달라질 수 있다. 따라서 정확한 청구를 위해서는 가입한 보험사에 직접 문의하거나 홈페이지를 통해 필요한 정보를 확인하는 것이 바람직하다. 또한 보험금 청구 과정에서 문제가 발생할 경우, 금융감독원의 도움을 받을 수도 있다.

3부 혼자서 보험금 청구하기

보험금 청구 시 가장 많이 하는 실수

보험금 청구 과정에서 많은 사람들이 반복적으로 저지르는 실수들이 있으니 이러한 실수들은 청구 지연, 보험금 지급 거절, 불필요한 행정 절차 발생 등의 문제를 초래할 수 있다. 따라서 주요 실수를 미리 인지하고 대비하는 것이 중요하다.

1 가입한 보험사를 정확히 모르는 경우

많은 사람들이 자신이 가입한 보험사를 명확히 기억하지 못하고 잘못된 보험사에 청구하는 실수를 범한다. 이를 방지하려면 신용정보원에서 운영하는 '내보험다보여' 사이트를 활용하여 본인이 가입한 보험 내역을 확인하는 것이 중요하다.

2 해지된 보험이라도 청구 가능한 경우를 놓치는 실수

보험이 해지되었다고 해서 모든 청구가 불가능한 것은 아니다. 보험사고 발생 당시 보험이 유효했다면, 이후 해지되었더라도 보험금 청구가 가능하다. 따라서 사고 시점 기준으로 보장 여부를 확인해야 한다.

3 계약자, 피보험자, 수익자 지정 오류로 인한 세금 문제 발생

사망보험금이나 연금보험의 경우 계약자, 피보험자, 수익자 지정을 잘못하면 불필요한 세금을 부담할 수 있다. 예를 들어, 수익자를 잘못 지정하면 세금 혜택을 놓칠 수 있다. 가입 시 신중하게 지정하고 세금 혜택을 고려하는 것이 중요하다.

4 보험사의 부지급 결정만 믿고 포기하는 실수

보험사가 보험금 지급을 거절할 경우 이를 곧이곧대로 믿고 포기하는 경우가 많다. 하지만 보험사의 결정이 항상 옳은 것은 아니다. 약관을 꼼꼼히 검토하고 보험 전문가의 조언을 받아야 한다. 필요 시 금융감독원에 민원을 제기하거나 법적 대응도 고려할 수 있다.

5 청구 서류 준비 미흡

보험금 청구 시 필요한 서류를 제대로 준비하지 않으면 심사가 지연되거나 청구가 반려될 수 있다. 특히 의료보험금 청구 시 진단서, 치료 기록, 영수증 등을 철저히 챙기는 것이 중요하다. 미비한 서류로 인해 불필요한 행정 절차가 발생할 수 있다.

6 보험금 청구 기한을 놓치는 실수

보험금 청구에는 일정 기한이 있으며, 이를 놓치면 청구가 불가능할 수도 있다. 일반적으로 보험사고 발생 후 3년 이내 청구해야 하며, 후유장해보험금의 경우 후유장해 판정일 기준 3년 이내에 청구 가능하다.

7 치매보험에서 대리청구인을 지정하지 않은 실수

치매보험의 경우 피보험자가 직접 청구할 수 없는 상황이 많다. 대리청구인을 지정해 두지 않으면 법원의 성년후견인 지정 절차를 거쳐야 하며, 이는 오랜 시간이 소요될 수 있다. 사전에 대리청구인을 지정해 두는 것이 중요하다.

8 실손보험과 정액보험의 차이를 이해하지 못하는 실수

보험금 청구가 거설되는 경우도 있다. 보험 약관에서 보장하지 않는 사항이거나, 가입 시 고지의무를 위반한 경우에는 보험금이 지급되지 않을 수 있다. 또한 면책기간 내 발생한 사고나 질병, 보험 가입 전 이미 존재했던 질병에 대해서도 보험금이 지급되지 않는 경우가 많다.

9 해외에서 치료받은 경우 보험 청구를 포기하는 실수

일부 실손보험 상품은 해외 치료비도 보장한다. 다만, 해외 의료비 영수증과 번역본이 필요할 수 있다. 해외 치료비 보장이 가능한지 확인하고 필요한 서류를 준비해야 한다.

10 후유장해 보험금 청구 시 진단서 누락

후유장해 보험금 청구에서 가장 중요한 것은 후유장해진단서이다. 사고 발생 후 10년이 지나더라도 후유장해 판정일이 최근이라면 청구 가능하다. 진단서를 제대로 발급받아 보관하는 것이 중요하다

11 보험금 청구 후 불만 처리 방법을 모르는 실수

보험금이 부당하게 지급 거절되었거나 지급 지연이 발생하면 보험사 고객센터 → 금융감독원 민원 → 법적 대응 순서로 절차를 진행할 수 있다. 무조건 보험사의 결정을 따를 필요는 없다.

12 보험금 지급이 지연될 경우 대처 방법을 모르는 실수

보험사가 정당한 사유 없이 지급을 지연하는 경우 금융감독원에 민원을 접수할 수 있다. 불합리한 경우 법적 대응도 가능하다.

13 추가 보상이 가능함에도 모르고 넘어가는 실수

보험금 청구 후 추가 치료가 필요한 경우 추가 청구가 가능하다. 실손보험의 경우 일정 기간 내 동일 질병으로 재진료받을 경우 추가 청구가 가능하므로 이를 활용해야 한다.

14 보험금 수령 후 세금 문제를 고려하지 않는 실수

연금보험이나 사망보험금 수령 시 세금 문제가 발생할 수 있다. 수익자 지정을 신중히 하고 세금 혜택을 받을 수 있는 방법을 미리 고려하는 것이 중요하다. 보험금 청구 시 실수를 최소화하고 자신의 권리를 제대로 행사하려면 사전에 필요한 사항을 숙지하고 철저히 대비해야 한다. 보험 약관을 꼼꼼히 확인하고, 필요하면 전문가의 도움을 받아 청구 절차를 진행하는 것이 바람직하다.

4부

흥미로운 보상 이야기

보상이야기

비만치료 보상이야기

비만치료에 대한 실손보험 보상 가능 여부는 매우 제한적이다. 국내에서 판매되는 모든 세대의 실손의료보험(1~4세대)은 비만 자체에 대한 치료를 목적으로 한 의료비를 보상하지 않는다.

비만치료제인 위고비나 삭센다, 모운자로 등 GLP-1 계열 약제들도 단순히 비만 치료 목적으로 처방받은 경우에는 실손보험에서 보상이 불가능하다. 이는 보험 약관상 비만(E66) 또는 비만치료가 명시적인 면책 규정으로 적용되기 때문이다. 비만은 일반적으로 질병이 아닌 상태로 분류되어 치료 목적의 의료행위에 제한이 있으며, 이는 실손의료보험의 보상 원칙에도 반영되어 있다.

다만 예외적인 상황에서는 일부 보상이 가능하다. 심혈관계 질환(고혈압, 이상지질혈증 등)이나 당뇨 등 명확한 동반 질환이 있는 환자가, 해당 질환의 치료나 사망 위험 감소를 목적으로 비만치료제를 처방받을 경우 실손보험 보상 가능성이 있다. 이 경우 의사는 비만 자체보다는 심혈관 질환이나 당뇨병 등의 개선을 위한 치료 목적으로 처방했음을 명확히 해야 한다.

[비만치료 실손보험 적용 기준]

	보상 가능 조건	주의사항
비만치료제 처방	동반 질환(고혈압, 당뇨, 이상지질혈증 등) 치료 목적일 것 + 주진단명이 해당 질환으로 명시되어야 함 + 의학적 타당성 확보	단순 체중감량 목적이면 보상 제외
비만대사 수술	대사질환(당뇨 등) 개선 목적일 것 + 진단서에 비만이 주된 질환으로 기재되지 않아야 함	비만이 주진단명일 경우 보상 불가

* 비만치료제는 실손 기본 보장 제외, 특약 가입 시에만 일부 보장 가능

처방전과 진단서에 비만 외에 다른 질환이 주된 상병명으로 기재되어야 보험 청구 시 불이익이 없다. 일부 보험사에서는 당뇨병 환자에게 처방된 GLP-1 계열 약제에 대해서는 보상을 인정하는 경우도 있다.

또한 비만대사수술의 경우도 당뇨 등 대사질환 치료를 주목적으로 시행했다면 실손보험 적용이 가능하다. 비만대사수술은 고도비만 환자에서 체중 감량뿐만 아니라 당뇨병 등 대사 질환의 호전을 목적으로 시행되는 수술로, 최근 당뇨병 치료 가이드라인에도 포함된 치료법이다. 그러나 진단서에 '비만'이 주된 질환으로 명시되면 보상에서 제외될 수 있어 진단명 기재에 주의가 필요하다. 의사와 상담 시 수술의 주목적이 대사질환 개선임을 논의하고 이를 진단서에 반영하도록 하는 것이 중요하다.

비만치료제는 건강보험 비급여 항목이며, 실손보험은 비만 치료 목적

의 비급여 진료에 대해 보상하지 않는다. 비만치료제의 가격은 상당히 고가로, 한 달 기준 15~30만 원 정도의 비용이 발생하는데, 이를 장기간 사용해야 하는 경우 경제적 부담이 크다. 단, 일부 보험사에서 최근 출시한 특약에 가입한 경우에만 별도 보장이 가능하다. 이러한 특약은 비만 치료제에 대한 수요가 증가함에 따라 일부 보험사에서 새롭게 개발한 상품으로, 기존 실손보험과는 별개로 가입해야 한다.

 비만 치료만을 목적으로 한 진료나 약제비는 실손보험에서 보상받을 수 없다. 이는 단순 미용 목적의 치료나 비필수적 의료행위에 대해 보험금을 지급하지 않는다는 보험의 기본 원칙에 따른 것이다. 심혈관계 질환 등 특정 동반 질환 치료 목적이거나, 당뇨 등 타 질환 치료 목적일 때만 예외적으로 보상 가능성이 있으므로 반드시 보험사에 사전 문의해야 한다.
 또한 의료기관 방문 시 주치의와 충분히 상담하여 치료의 주목적이 무엇인지 명확히 하고, 이에 따라 적절한 진단명과 처방 사유가 기록될 수 있도록 하는 것이 중요하다. 보험 청구 시에도 관련 증빙 자료를 충분히 준비하여 제출하는 것이 실손보험 보상을 받는 데 도움이 된다.

신용불량자 보험금 압류 여부

 신용불량자의 보험금은 종류, 계약 구조, 계좌 상태에 따라 압류 가능성이 달라진다.
 채권자가 법원 승인을 받아 보험금을 압류할 수 있다. 신용불량자(채

무불이행자)의 보험금은 채권자가 법원의 압류 결정을 받아 보험사에 통보하면 압류 절차가 진행될 수 있는데, 이때 압류 대상은 주로 보험금 자체이며 보험료 납입금이 아니라는 점이 중요하다.

보험금 종류에 따라 압류 가능성이 다르다. 저축성 보험인 해약환급금, 만기환급금은 압류 대상이다. 신용불량자가 보험계약자인 경우 해약환급금, 만기환급금 등은 채권자에 의해 압류될 수 있다. 반면 보장성 보험인 실손의료비, 치료비 등은 원칙적으로 압류 금지 대상이다. 즉, 치료비, 수술비, 입원비 등 실제 치료에 사용되는 보험금은 민사집행법상 압류할 수 없다. 사고·질병 보험금은 수익자가 신용불량자라면 압류 대상이 될 수 있다. 사망보험금은 상속포기나 한정승인 등 특수한 경우를 제외하면 압류될 수 있다.

[압류금지 보장성 보험 범위]

① 1천만 원 이하 사망보험금
② 150만 원 미만 만기환급금
③ 치료비, 수술비, 입원비, 약제비 등 실제 지출 되는 실손의료비
④ 3번 이외 보험금 1/2

보험계약 구조에 따라서도 압류 가능성에 차이가 있다. 계약자가 본인인 경우 해약환급금과 만기환급금이 압류 가능하다. 신용불량자가 보험계약자인 경우 해당 금액이 압류될 수 있다. 수익자가 본인인 경우 사고·질병 보험금이 압류 가능하다. 수익자가 신용불량자면 보험금이 압류될 수 있다. 피보험자가 본인이지만 가족이 계약자나

수익자인 경우에는 압류가 곤란하다. 계약자와 수익자가 가족이면 채권자가 압류하기 어렵다.

 계약자, 피보험자, 수익자가 모두 신용불량자 본인일 때는 압류 위험이 가장 크다. 반면, 계약자나 수익자가 가족 등 제3자일 때는 채권자가 압류하기 어렵다.

 보험금 지급 이후에는 계좌 압류에 주의해야 한다.
 보험금이 신용불량 자 명의의 압류된 계좌로 입금되면 즉시 압류된다. 보험금 자체는 압류 금지 대상일 수 있으나, 지급된 후 신용불량자의 압류된 통장으로 입금되면 예금채권으로 전환되어 압류될 수 있다. 따라서 보험금 수령 계좌 관리가 매우 중요하다.

 보장성 보험의 실손의료비 등은 압류가 금지된다.
 민사집행법상 치료 목적의 실손의료비 등은 압류할 수 없다. 그러나 사금융권 등 일부 채권자는 치료비 보험금도 압류 시도가 가능하다. 도의적 관행상 치료비는 압류하지 않으나, 사금융권 등에서는 압류 여부가 달라질 수 있다.

 신용불량자라도 보험금의 종류와 계약 구조에 따라 압류 대상이 될 수 있다. 저축성 보험(해약환급금, 만기환급금 등)은 압류 위험이 높고, 보장성 보험(실손의료비 등)은 압류 금지 대상이다. 보험금 수령 계좌가 압류되어 있으면 실질적으로 보험금이 압류될 수 있으니, 수령 계좌 관리에 주의해야 한다.
 계약자, 수익자, 피보험자 지정에 따라 압류 위험이 달라지므로, 보험 가입 및 유지 시 구조를 신중히 설계하는 것이 필요하다. 압류 통보를 받았다면 보험전문가 상담을 권장한다.

성형외과 실비보험 청구의 모든 것

성형외과 수술에 대한 실비보험(실손의료보험) 청구는 수술의 목적에 따라 보상 여부가 결정된다. 성형수술이라 하더라도 모든 수술이 보험 적용에서 제외되는 것은 아니다. 수술의 목적이 '치료'인지 '미용'인지가 가장 중요한 판단 기준이다.

치료 목적의 성형수술은 질병, 상해, 선천적 기형, 기능장애 등을 치료하기 위한 수술로, 실비보험 청구가 가능하다. 반면, 단순히 외모 개선만을 위한 미용 목적의 성형수술은 실비보험 보상 대상에서 제외된다.

[성형외과 치료 보상]

보상 가능한 항목	보상 불가능한 항목
치료목적인 경우	외모개선목적인 이유
안검하수	단순 쌍커풀수술
비중격만곡증	단순 코성형수술
상처봉합	흉터제거

상해(외상) 관련 수술은 교통사고, 화상, 낙상 등으로 인한 외상에 대한 봉합, 흉터 복원, 재건수술 등은 치료 목적으로 인정받아 실비보험 청구가 가능하다. 이는 질병이나 상해로 인한 신체 기능 회복을 위한 치료이기 때문이다. 눈꺼풀이 처져서 시야를 가리는 안검하수는 기능

적 문제를 해결하기 위한 "치료 목적"으로 인정된다. 안검하수 진단서와 시야 장애에 대한 객관적인 검사 결과가 있다면 실비보험 청구가 가능하다. 그러나 단순한 쌍꺼풀 수술은 미용 목적으로 간주되어 보험 청구가 불가능하다.

비중격만곡증, 비후성비염, 비밸브협착증 등으로 인한 호흡 곤란이 있는 경우, 이를 해결하기 위한 기능적 코성형은 치료 목적으로 인정된다. 이러한 질환은 내시경이나 CT 등의 객관적 검사로 진단이 가능하며, 이에 따른 수술은 실비보험 청구가 가능하다. 하지만 코를 높이거나 모양을 바꾸는 등의 미용 목적 코성형은 보험 적용이 되지 않는다.

구순구개열(언청이)이나 소이증 등 선천적 기형에 대한 교정 수술은 치료 목적으로 간주되어 실비보험 청구가 가능하다. 이는 선천적 기형으로 인한 기능적 문제를 해결하기 위한 수술이기 때문이다.

순수 미용 목적의 성형수술은 실비보험 청구가 불가능하다.
예를 들어 쌍꺼풀 수술, 코 높이기, 안면윤곽 수술, 지방흡입, 보톡스, 필러 등 외모 개선만을 위한 시술은 질병이나 상해로 인한 것이 아니므로 보험 적용 대상이 아니다. 실비보험 청구 절차는 먼저 성형외과나 관련 전문의의 진찰을 받고, 내시경, 3D CT, 초음파 등 객관적인 검사를 통해 질환을 진단받는다. 이후 치료 목적임을 명확히 하는 진단서와 수술코드를 발급받는다. 진단서에는 질환명, 증상, 의사 소견 등이 포함되어야 한다. 본인이 가입한 보험의 약관에 따라 보장 범위가 다를 수 있으므로, 수술 전 보험사 콜센터에 문의하여 보장 가능 여부를 확인한다. 의료기관에서 필요한 수술과 치료를 진행한 후, 진료비계산서, 진단서, 수술확인서, 검사결과지 등 필요한 서류를 병원에서 발급받아

보험사에 제출한다. 보험사는 제출된 서류를 바탕으로 치료 목적 여부, 과잉진료 여부 등을 심사한 후 보험금을 지급한다.

 미용 목적의 수술을 치료 목적으로 위장하여 청구하는 경우, 이는 보험사기로 간주될 수 있다. 보험사기는 형사처벌 대상이며, 적발 시 보험금 환수는 물론 법적 책임을 질 수 있으므로 주의해야 한다.
 또한, 성형외과 수술에 대한 실비보험 청구 시에는 반드시 객관적인 진단과 검사 결과가 뒷받침되어야 한다. 의사의 소견만으로는 보험사 심사에서 불리할 수 있으므로, 내시경, CT, MRI 등 객관적인 검사 결과를 함께 제출하는 것이 중요하다.
 보험사마다 보장 범위, 자기부담금, 면책 기간 등 약관 내용이 다를 수 있으므로, 수술 전 반드시 본인의 보험 약관을 확인하고 보험사에 문의하는 것이 좋다. 성형외과에서의 수술이라도 질병, 상해, 선천적 기형 등으로 인한 치료 목적이라면 실비보험 청구가 가능하다. 그러나 단순히 외모 개선만을 위한 미용 목적 수술은 실비보험 적용 대상이 아니다. 수술 전 반드시 의료진과 충분히 상담하고, 보험전문가 및 보험사에 문의하여 본인의 수술이 실비보험 적용 대상인지 확인하는 것이 중요하다. 이를 통해 불필요한 오해와 분쟁을 예방할 수 있다.

4부 흥미로운 보상이야기

한의원·한방병원 치료 실비보험 보상 정리

한의원 및 한방병원 치료에 대한 실비보험(실손의료보험) 보상 여부는 보험 가입 시기, 보험 상품 종류, 치료 항목(급여/비급여)에 따라 달라진다. 많은 사람들이 한의원 치료를 받은 후 실비보험 청구 과정에서 혼란을 겪는 경우가 많은데, 이는 보험사마다 약관 내용이 다르고 보험 가입 시기에 따라 보장 범위가 크게 달라지기 때문이다.

보험 가입 시기별 보장 범위를 살펴보면, 2009년 8월 이전에 가입한 1세대 실비보험 가입자는 급여·비급여 항목 모두 보상되는 경우가 많다. 상해특약이나 질병특약 가입 여부에 따라 보장 내용이 달라질 수 있지만, 한약, 약침 등의 비급여 항목도 보상 가능한 경우가 많다. 이는 1세대 실비보험이 비교적 포괄적인 보장 내용을 가지고 있기 때문이다. 반면 2009년 8월 이후에 가입한 2·3·4세대 실비보험 가입자는 건강보험에서 급여로 지정된 항목(침, 뜸, 부항, 추나요법 등)만 보상받을 수 있고, 비급여 항목(한약, 약침 등)은 대부분 보상에서 제외된다. 이러한 변화는 보험사의 손해율 관리와 정부의 실손의료보험 표준화 정책에 따른 것이다.

치료 항목별 보장 여부를 더 구체적으로 살펴보면, 침, 뜸, 부항 치료는 건강보험 급여 항목으로 본인부담금 1만원 초과분이 실비보험에서 보장된다.

예를 들어, 한의원에서 침 치료를 받고 본인이 지불한 금액이 15,000원이라면, 기준금액 10,000원을 제외한 5,000원만 실비보험에서 보상받을 수 있다. 추나요법은 2019년 4월부터 건강보험 급여항목으로 지정되어 연간 20회 한도 내에서 실비보험 보장이 가능하게 되었다. 이는 한방 치료에 대한 접근성을 높이기 위한 정책 변화의 결과이다.

반면 한약, 약침, 약침치료비는 비급여 항목으로 대부분의 경우 실비보험 보장이 불가하다.

단, 보험한약(엑스제, 연조제)은 급여 항목으로 분류되어 일부 보장이 가능하다. 엑스제나 연조제는 표준화된 한약으로, 보험 적용이 되는 항목이기 때문이다. 그러나 일반적인 탕약이나 환제 형태의 한약은 대부분 비급여로 처리되어 실비보험 보상을 받기 어렵다.

[보험 가입 시기별 한방치료 보장 차이]

구분	1세대 실비보험 (2009년 8월 이전)	2~4세대 실비보험 (2009년 8월 이후)
급여 항목 (침, 뜸, 부항 등)	보장	보장
비급여 항목 (한약, 약침 등)	보장 가능성 높음 (일반상해의료비)	보장 불가 대부분 (한방치료 시 급여만 보장)

한방병원 협진 시스템을 활용하면 보다 다양한 치료에 대해 보장을 받을 수 있다. 한방병원에서 양방 의료진과 협진해 진료받은 경우, 양방(의사) 진료분은 급여·비급여 모두 실비보험 청구가 가능하다.

예를 들어, 한방병원에서 MRI 검사를 받거나 양방 의사의 처방으로 양약을 복용한 경우, 이에 대한 비용은 실비보험으로 청구가 가능하다. 물론 한의사가 제공한 진료분은 앞서 설명한 기준(급여/비급여)에 따라 보장 여부가 결정된다.

실비보험 청구 절차 및 준비서류를 자세히 알아보면, 우선 치료 전에 보험사에 본인 보험 약관과 보장 범위를 정확히 확인하는 것이 중요하다.

4부 흥미로운 보상이야기

치료 후에는 진료비 영수증(병원명, 진료 항목, 금액 포함), 진료비 세부내역서(치료 항목별 비용 명시), 진단서 또는 진료확인서(필요시), 보험금 청구서, 신분증 사본 등의 서류를 빠짐없이 준비해야 한다. 특히 진료비 세부내역서는 어떤 치료를 받았는지 항목별로 상세히 기록되어 있어, 보험사가 보장 여부를 판단하는 중요한 자료가 된다. 이 서류들을 보험사 앱, 웹사이트, 우편 등을 통해 제출하면 보험사의 심사를 거쳐 보험금을 지급받게 된다. 최근에는 모바일 앱을 통한 간편 청구가 가능해져 더욱 편리하게 보험금을 청구할 수 있다.

[한의원·한방병원 치료 보상 Q&A]

Q1. 교통사고로 한의원 치료를 받는 중인데 실손보상이 가능한가요?

✓ 2009년 8월 이전 상해의료비(상해입통원 X) 담보를 보유한 경우 **총 치료비 50% 보상이 가능**합니다.(자동차보험과 중복보상 가능) 2009년 8월 이후는 **자동차보험과 중복보상이 불가**합니다.

Q2. 디스크로 한방병원 입원치료 중인데 실손보상이 가능한가요?

✓ 2009년 8월 이전 실손가입자는 **급여부분은 보상이 가능**합니다. 다만, 2017년 4월 이후 실손가입 시 **연간 350만 원(50회) 한도로 보상이 제한**됩니다.

Q3. 한약도 보상이 가능한가요?

✓ 건강보험이 적용되는 한약(보험한약)인 경우 2009년 8월 이후 실손가입자는 **보상이 가능**합니다.

한의원 및 한방병원 치료 실비보험 청구 시 알아두어야 할 유의사항 및 팁은 다음과 같다. 통원치료 기준으로 본인부담금 1만원 초과분만 보상되므로, 소액 진료비는 모아서 청구하는 것이 효율적이다. 한약 등 비급여 항목은 대부분 보상에서 제외되지만, 1세대 실비보험 가입자나 특약에 가입한 경우에는 예외적으로 보상 가능성이 있으니 반드시 확인이 필요하다. 추나요법은 건강보험 적용 이후 실비보험 보장이 확대되었으나, 연간 횟수 제한이 있으므로 주의해야 한다. 한방병원에서 협진 진료를 받으면 양방 진료분은 실비보험 청구가 가능하므로, 종합적인 치료가 필요한 경우 협진 시스템을 활용하는 것이 유리할 수 있다. 자동차보험이나 산재보험 등 타 보험이 적용된 경우, 실비보험은 본인부담금에 한해서만 청구가 가능하다. 마지막으로, 보험 약관마다 보장 내용이 다르므로, 치료 전 반드시 보험사에 사전 문의하여 본인의 보험이 어떤 항목을 보장하는지 정확히 확인하는 것이 중요하다.

**처음부터 끝까지
혼자서 보험**

발행일　2025년 05월 22일
지은이　이재원
펴낸이　남성현

편집·디자인　(주)에프피하우스

펴낸곳　(주)에프피하우스　**출판등록**　2024년 7월 4일(제2024-000015호)
주소　부산광역시 남구 수영로 312, 2028호
전화　1566-4875

ISBN　979-11-94967-02-6 (종이책)　　979-11-94967-00-2 (전자책)

· 인쇄·제작 및 유통상의 파본 도서는 구입하신 서점에서 바꿔드립니다.
· 이 책의 전부 또는 일부 내용을 재사용하려면 반드시 사전에 저작권자와 (주)에프피하우스의 동의를 받아야 합니다.